Python과 SQL을 활용한 실전 데이터 전처리

Bigdata Intelligence

Python과 SQL을 활용한 실전 데이터 전처리

이헌호 지음

카오스북
CHAOS BOOK

Python과 SQL을 활용한 실전 데이터 전처리

펴낸날	2018년 7월 10일 초판 1쇄
지은이	이현호
펴낸이	오성준
펴낸곳	카오스북
주소	서울특별시 마포구 양화로 56(서교동) 동양한강트레벨 1022호
출판등록	제2018-000189호
전화	02-3144-8755, 8756
팩스	02-3144-8757
웹사이트	www.chaosbook.co.kr
ISBN	979-11-87486-21-3 93000
정가	13,000원

머리글

오늘날 우리는 각 분야에서 쏟아지는 정보의 홍수 속에 살고 있다. 바야흐로 빅데이터 시대인 것이다. 공공 분야든 민간 분야든 데이터를 잘 다루고 잘 활용하는 것은 경쟁력과 직결된다. 데이터에서 원하는 지식을 얻기 위해 통계, 데이터마이닝 등 다양한 데이터 분석 방법론이 연구 및 제안되고 있다. 그런데, 대부분의 분석 방법론은 잘 정제되어 있는 데이터를 대상으로 제시되는 데 반해 실세계에 존재하는 데이터는 때로는 값이 존재하지 않고 때로는 뒤틀려 있어 분석 알고리즘을 바로 적용할 수 없는 경우가 많다. 그래서 데이터 분석 전에 반드시 데이터 전처리 과정을 거쳐야 한다. 데이터 전처리를 통해 비어 있는 데이터를 채우기도 하고 잡음(noise) 섞인 데이터를 정제하기도 하고 분석하기 좋은 모양(구조)으로 바꾸기도 한다. 때로는 분석할 데이터량이 너무 많아 분석 대상 데이터를 줄이거나 수많은 분석 차원에서 핵심 요소만 뽑아야 하는 경우도 있다.

데이터 전처리 방법론 역시 이론적으로 잘 제시되어 있다. 그런데, 제시된 이론들이 실제 사례에서 어떻게 적용되는지를 설명한 책이나 자료는 찾기 힘든 것이 사실이다. 대부분이 데이터마이닝이나 데이터웨어하우스를 다룬 책의 일부분으로서 데이터 전처리를 소개하고 있는데, 이론적 맛보기 수준에 머무른다. 그러나 필자가 실제 데이터마이닝 프로젝트를 수행한 경험상으로는 프로젝트 투입 공수의 반 이상이 데이터 전처리에 소모되는 경우가 많다. 분석 방법론은 R, Python, SAS 등의 분석 툴에서 많은 기능들이 구현되어 있어 적용이 그리 어렵지 않다. 문제는 실세계 데이터에서 의미 있는 결과를 도출하기 위한 입력(input) 데이터를 만들어내는 것이다. 원천 데이터가 확보된 상태에서 데이터 분석은 전처리 → 분석알고리즘 적용 → 해석 과정으로 이루어지는데, 경험적으로 보면 50:20:30 정도의 노력이 든다고 볼 수 있다. 이처럼 데이터 전처리는 데이터 분석 과정에서 매우 중요한 역할을 한다. 데이터 전처리의 또 하나의 특징은 정형적인 분석 알고리즘과는 달리 매우 다양하고 때로는 복잡한 과정을 필요로 한다는 것이다. 사례별로 전처리 방법은 다 다르다고 봐도 무관할 정도이다.

필자는 2년 전에 『R과 SQL을 활용한 실전 데이터 전처리』를 출간한 바 있다. 당시 데이터 전처리 실무서를 어떤 방향으로 쓸 것인지 고민 끝에 데이터 정제/통합/축소/변환 등 데이터 전처리의 전형적 방법론을 실제 실무 데이터를 대상으로 분석도구를 이용하여 구현하는 쪽으로 방향을 잡아 집필하였다. 이것만 가지고 전처리가 완성되는 것은 아니나, 이러한 이론적 기법들이 데이터 전처리의 기초가 되는 것은 틀림없는 사실이기 때문이다. 이 책은 2년 전 출간한 『R과 SQL을 이용한 데이터 전처리』와 구성과 내용이 같다. 다만 2년 전의 저서에서는 R을 도구로 삼은 반면, 이 책에서는 파이썬(Python)으로 도구를 교체하여 구현하였다는 것이 차이점이다. 두 개의 저서를 같이 본다면, 동일 데이터에 대해 동일 전처리 방법을 R로 구현한 예제와 파이썬으로 구현한 예제를 비교해볼 수 있다. 전처리 방법에 따라 SQL이 효과적이라고 판단되었을 때에는 R 버전과 파이썬 버전 모두 오라클(Oracle) SQL을 활용하였다. 단, SQL을 다루는 데 있어서 R과 파이썬은 차이가 있는데, R은 sqldf()라는 내장 함수에서 대부분의 표준 SQL을 직접 구사할 수 있다. 다만, 일부 오라클에 특화된 SQL은 오라클을 활용하였다. 이에 빈해, 파이썬은 표준 SQL을 구사할 수 있는 별도의 독립적인 내장 함수를 제공하지 않는 대신 주요 DBMS와 연동할 수 있는 패키지를 제공하므로 해당 패키지의 API 함수와 데이터프레임의 연동 기능을 이용하여 SQL을 활용할 수 있다. 동일한 데이터에 대해 동일한 방법론을 적용하면 R로 구현하든 파이썬으로 구현하든 랜덤 함수를 쓰는 경우를 제외하면 결과는 동일하다. 두 책을 비교하면 이를 확인할 수 있는데, 물론 R과 파이썬의 함수 구조에 차이가 있기 때문에 동일한 결과라 할지라도 결과를 표현하는 데 있어서의 차이는 존재할 수 있다. 동일한 전처리 기법을 구현하는데 있어서 R 버전과 파이썬 버전을 비교해보는 것도 색다른 흥미거리가 될 것이다.

마지막으로 이 책을 출간하기까지 많은 아이디어와 도움을 주신 연세대학교 이원석 교수님께 감사의 말씀을 드린다. 16년 전, 데이터적 사고방식과 대용량 데이터베이스 솔루션의

눈을 틔게 해주신 ㈜엔코아 이화식 대표님께도 감사의 인사를 드린다. 그리고, 책 출간에 실질적인 도움을 주신 카오스북 오성준 대표께도 감사의 마음을 전한다. 모쪼록 이 책이 독자들에게 데이터 전처리에 대한 실무적 이해의 폭을 넓히고 활용 능력을 키우는 데 도움이 되기를 소망해본다.

2018. 6.

저자 이현호

차례

여는 장

개발환경구축

이 책의 실무예제들은 Python 또는 Oracle 환경에서 구동한다. Python은 통계나 데이터마이닝 기법에 관한 수많은 함수들을 패키지 형태로 제공하며 데이터 전처리나 빅데이터 분석을 위해서도 많이 활용된다. Oracle은 가장 널리 이용되는 관계형 DBMS의 하나로 데이터 전처리를 위한 SQL을 구사하기 위해 사용한다. Python과 Oracle을 활용하는 기본적인 개발환경은 무료로 구축할 수 있으며, 이 책의 예제를 모두 테스트해 볼 수 있다. 이 책의 예제 테스트를 위해 윈도우즈용 개발환경 구축에 대해 간단히 소개한다.

1

Python 환경구축

Python 설치

가장 먼저 해야 할 일은 파이썬(Python)을 설치하는 것이다. 바로 뒤에 소개할 tensorflow 패키지를 설치하여 사용하기 위해서는 버전 3.5 이상을 설치해야 한다. Python 3.5.3은 다음 사이트에서 다운로드받을 수 있다.

https://www.python.org/downloads/release/python-353/

사이트에 접속하면 사용 중인 운영체제별 다양한 버전의 소스프로그램을 다운받을 수 있는데, 윈도우즈 64bit 환경이라면 Windows x86-64 executable installer(python-3.5.3-amd64.exe)를 다운받아 설치한다(설치 시, 관리자 권한으로 실행).

Anaconda 설치

파이썬을 설치한 다음에는 아나콘다(Anaconda)를 설치한다. 아나콘다는 과학계산용이거나 범용으로 가장 인기 있는 파이썬 배포판이다. 현재 Windows 환경에서 제공되고 있는

Files

Version	Operating System	Description	MD5 Sum	File Size	GPG
Gzipped source tarball	Source release		6192f0e45f02575590760e68c621a488	20656090	SIG
XZ compressed source tarball	Source release		57d1f8bfbabf4f2500273fb0706e6f21	15213396	SIG
Mac OS X 32-bit i386/PPC installer	Mac OS X	for Mac OS X 10.5 and later	4994f588ebad17c4bf12148729b430d5	26385455	SIG
Mac OS X 64-bit/32-bit installer	Mac OS X	for Mac OS X 10.6 and later	6f9ee2ad1fceb1a7c66c9ec565e57102	24751146	SIG
Windows help file	Windows		91600322a55cff692dd7fbcb2fb0d841	7794982	SIG
Windows x86-64 embeddable zip file	Windows	for AMD64/EM64T/x64	1264131c4c2f3f935f34c455bceedee1	6913264	SIG
Windows x86-64 executable installer	Windows	for AMD64/EM64T/x64	333d536b5f76f95a6119fb2ecd623351	30261960	SIG
Windows x86-64 web-based installer	Windows	for AMD64/EM64T/x64	b6be1ce6e69ac7dcdfb3316c91bebd95	974352	SIG
Windows x86 embeddable zip file	Windows		7dbd6043bd041ed3db738ad90b6d697f	6087892	SIG
Windows x86 executable installer	Windows		2f5c4eed044a49f507ac64ad6f6abf80	29347880	SIG
Windows x86 web-based installer	Windows		80c2aff5d76787a5a566da01d72744b7	948992	SIG

[그림 1] 다운로드 가능한 Python 설치 파일 목록

것은 Anaconda 5.1 버전으로 아래 사이트에서 다운로드받을 수 있다.

https://www.continuum.io/downloads

사이트에 접속하여 Python 3.6 version에 해당하는 Anaconda Installer (Anaconda3-5.1.0-Windows-x86_64.exe)을 다운로드받아 설치한다.

Anaconda Installer를 통해 Anaconda Navigator, Anaconda Prompt, Jupyter Notebook 등이 설치된다.

Tensorflow 설치

텐서플로우(TensorFlow)는 기계학습과 딥러닝을 위해 구글에서 만든 오픈소스 라이브러리이다. 이 책에서 다루는 데이터 전처리와 관련해서 직접적으로 사용되지는 않지만, 데이터 전처리가 기계학습 등의 데이터 분석을 최종 목적으로 하기 때문에 개발환경 구축 시에 구축해 두는 것이 좋다. TensorFlow

는 Anaconda Prompt를 실행시켜 다음과 같은 순서로 설치한다(Anaconda Prompt 실행 시, 관리자 권한으로 실행).

1) pip 업그레이드하기

```
> python -m pip install –upgrade pip
```

2) Conda 환경 만들기

```
> conda create -n tensorflow python=3.5
Proceed ([y]/n)? y
```

3) TensorFlow 설치하기

```
> activate tensorflow
# 프롬프트가 'tensorflow'로 바뀜
(tensorflow) > pip install tensorflow
```

설치가 제대로 되었는지 확인해보는 예제는 다음과 같다.

```
(tensorflow) C:\Users\user>python
Python 3.5.5 |Anaconda, Inc.| (default, Apr  7
2018, 04:52:34) [MSC v.1900 64 bit (AMD64)] on
win32
Type "help", "copyright", "credits" or "license"
for more information.
>>> import tensorflow as tf
>>> hello = tf.constant('Hello, TensorFlow!')
>>> sess = tf.Session()
2018-05-28 22:50:12.251106: I T:\src\github\
tensorflow\tensorflow\core\platform\cpu_feature_
guard.cc:140] Your CPU supports instructions that
this TensorFlow binary was not compiled to use:
```

```
AVX2
>>> print(sess.run(hello))
b'Hello, TensorFlow!'
```

위 예제코드 실행 결과 "Hello, TensorFlow!"가 출력되면 제대로 설치된 것이다. Windows 환경에서는 다음과 같은 경고 메시지가 출력될 수 있다.

```
T:\src\github\tensorflow\tensorflow\core\platform\
cpu_feature_guard.cc:140] Your CPU supports
instructions that this TensorFlow binary was not
compiled to use: AVX2
```

그리고 "b'Hello, TensorFlow!'"라고 출력될 수도 있는데, 이는 최신 CPU에서 신규 명령어를 지원하니 바젤이라는 빌드시스템으로 빌드하여 사용하라는 의미로서, TensorFlow 실행에는 지장이 없으므로 무시하고 넘어가도 된다.

PyCharm 설치

PyCharm은 가장 널리 사용되는 파이썬 통합개발환경(Integrated Development and Learning Environment, IDLE)이다. 아나콘다 설치 시 자동으로 설치되는 Spyder를 사용해도 되나, 이 책의 예제 코드들은 PyCharm 환경에서 개발되었다. PyCharm은 다음 사이트에서 다운받을 수 있다.

https://www.jetbrains.com/pycharm/

Professional 버전과 Community 버전이 있는데, 여기서는 오픈소스인 Community 버전 installer(pycharm-community-2018.1.exe)를 다운받아 설치한다.

패키지 설치

이 책에서 데이터 전처리를 위해 사용되는 패키지는 다음과 같다.

[표 1] 데이터 전처리를 위해 이 책의 예제에 사용되는 파이썬 패키지

패키지명	버전	설명
cx_Oracle	6.2.1	Oracle DB 연동을 위한 패키지
pandas	0.23.0	데이터프레임 활용을 위한 패키지
numpy	1.14.2	수학 및 과학 연산을 위한 패키지
matplotlib	2.2.2	자료를 차트(chart)나 플롯(plot)으로 시각화(visulaization)하는 패키지
scipy	1.1.0	선형회귀분석, 카이제곱검정, 엔트로피계산 등의 데이터분석을 위한 패키지
scikit-learn	0.19.1	머신러닝 교육 및 실무를 위한 패키지
ipython	6.4.0	ipython 패키지로서 ipython의 display와 관련된 public API 활용
PyWavelets	0.5.2	Discrete Wavelete Transform을 위한 패키지

패키지를 사용하기 위해서는 별도의 설치가 필요하다. Anaconda prompt에서는 다음과 같은 간단한 명령으로 패키지를 설치할 수 있다.

```
> conda install [패키지명]
```

예를 들어, pandas 패키지 설치를 위해서는 'conda install pandas'라는 명령을 사용한다. PyCharm IDLE 환경에서는 프로젝트 단위로 패키지를 임포트하여 사용한다. 임포트 방법은 [File] 메뉴 → [Settings]에서 [Project] → [Project Interpretor]를 클릭하면, [그림 2] (a) 화면이 나타난다. 화면 오른쪽 상단의 + 기호를 클릭하면 [그림 2] (b) 화면이 나타난다. 이 화면에서 설치를 원하는 패키지 이름을 검색하여 선택하고, 왼쪽 하단의 'Install Package' 버튼을 누르면 패키지가 설치되고 [그림 2] (a) 화면의 리스트에 설치된 패키지가 보인다. 설치 과정에 오류가 발생하면 앞서 설명한 TensorFlow 설치의 pip 업그레이드를 새로 한다.

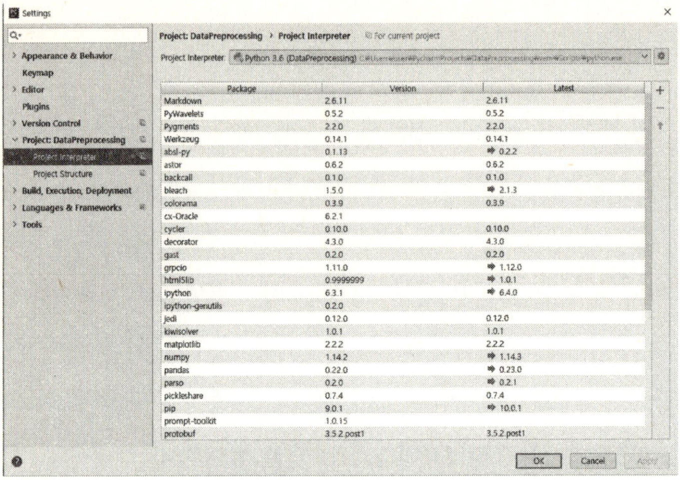

(a) PyCharm Settings 메뉴 화면

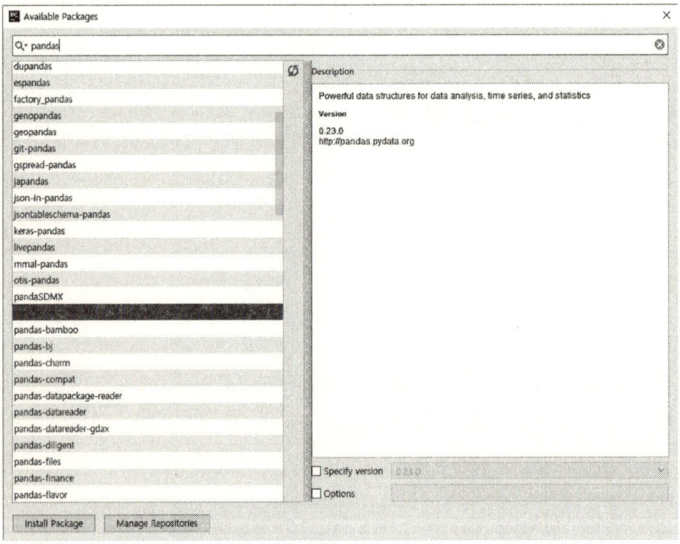

(b) PyCharm Setting 메뉴에서 패키지 추가 화면

[그림 2] PyCharm에서 패키지 설치를 위한 화면

2

Oracle 환경구축

Oracle DBMS는 오라클 공식 사이트에서 로그인 후 다운받을 수 있다. Oracle Database Express Edition 11g Release 2의 다운로드 URL 링크는 다음과 같다.

http://www.oracle.com/technetwork/database/database-technologies/express-edition/downloads/index.html

Toad for Oracle은 오라클 DBMS 관리 툴이다. 오라클 DBMS가 기본적으로 제공하는 SQL*Plus를 통해서도 SQL을 구사할 수 있지만, Toad와 같은 관리 툴에서는 훨씬 더 쉽게 SQL을 작성하고 실행할 수 있다. Oracle용 Toad 무료 버전을 Toad 공식 사이트에서 로그인 후 다운받을 수 있다. 다운로드 URL 링크는 다음과 같다.

http://www.toadworld.com/m/freeware

오라클 설치 후, 사용자를 생성해준다. 사용자 ID와 패스워드를 각각 prep1으로 정하고 TNS_NAMES의 별칭(alias)

을 XE(설치 시 기본값)라 하면, 관리자(system) 계정으로 들어가 다음을 수행한다.

```
> create user prep1 identified by prep1 ;
> grant connect, resource to prep1 ;
> connect prep1/prep1@XE
```

3

무료 소프트웨어와 실무예제/데이터 셋 FTP 사이트

무료 소프트웨어는 출판사가 제공하는 FTP 사이트를 통해서도 다운받을 수 있다. 소프트웨어와 너불어 실무 예세에서 사용하는 데이터 셋과 프로그램 코드 또한 FTP 사이트를 통해 다운받을 수 있다. FTP를 통한 다운로드 사이트는 이 책의 앞표지 날개에 표기되어 있다.

4

예제 프로그램의 실행

이 책의 예제 프로그램을 PyCharm 환경에서 실행하기 위해서는 우선 PyCharm 프로젝트를 생성해야 한다. PyCharm의 [File]-[New Project] 메뉴를 클릭하면 [그림 3] (a) 화면이 나타난다. 여기에 프로젝트 명을 적절하게 입력하여 프로젝트를 생성한다. 생성된 프로젝트에서 [File]-[New] 메뉴를 클릭하면 [그림 3] (b) 화면이 나타난다. 여기서 Python File을 선택하여 파일명을 만들어 파이썬 코딩을 시작한다. 이 책의 모든 예제 프로그램은 하나의 프로젝트로 묶을 수 있다. [그림 3] (c)는 프로젝트 명을 DataPreprocessing으로 하고 예제 프로그램을 모두 담았을 때 보이는 화면이다. [그림 3] (d)는 DataPreprocessing 프로젝트의 예제 프로그램 하나를 수행했을 때의 결과를 보여주는 예시 화면이다.

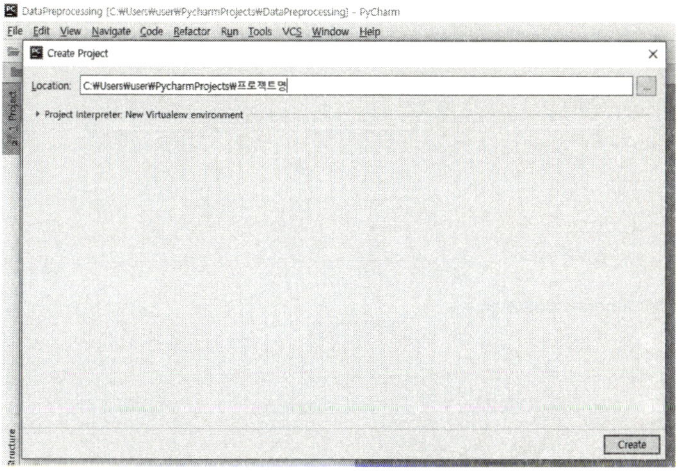

(a) PyCharm에서의 프로젝트 생성

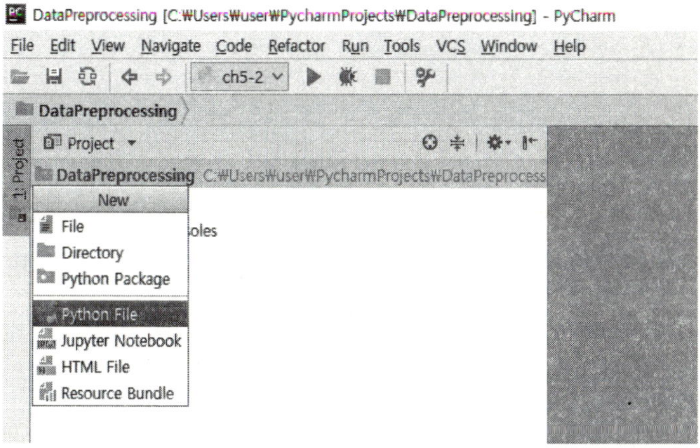

(b) Project에서 Python File 생성

[그림 3] **PyCharm 환경에서의 예제 프로그램 수행**(다음 페이지에 계속)

이 책의 예세 프로그램에서 사용하는 데이터 파일은 [그림 4]에서 보듯이, PyCharm을 설치할 때 윈도우즈 사용자 폴더

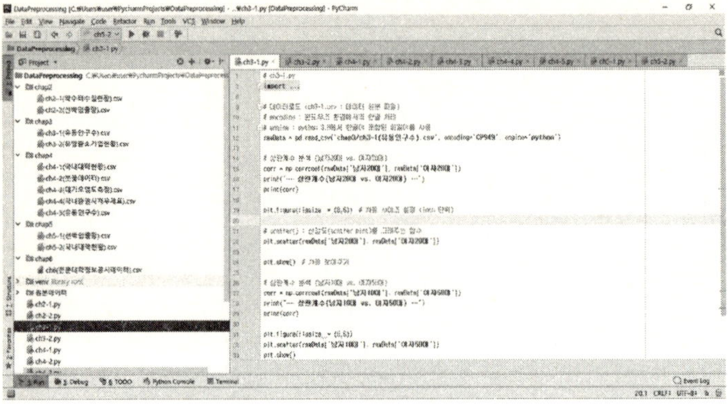

(c) 예제 프로그램을 모두 담은 DataPreprocessing 프로젝트 예시 화면

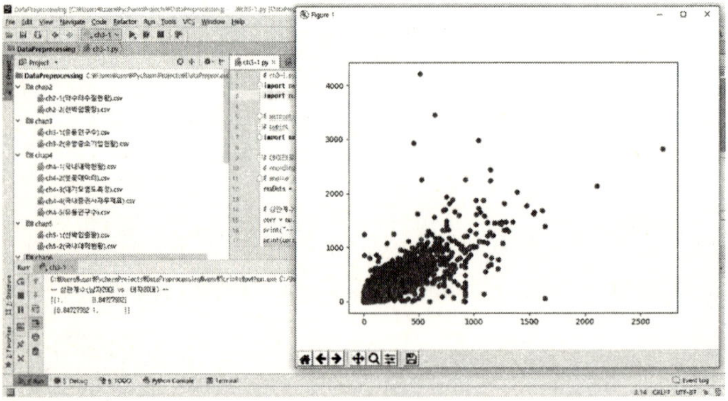

(d) 예제 프로그램을 수행한 결과 예시 화면

[그림 3] PyCharm 환경에서의 예제 프로그램 수행(앞 페이지에서 계속)

에 생성되는 PycharmProjects 폴더의 하위 프로젝트별 폴더에 장별로 저장한다. 예제 프로그램 수행 시 프로젝트 폴더를 기본 폴더로 인식하기 때문에 데이터 파일에 접근하고자 할 때 파일의 path는 [장이름]/[데이터파일이름]이 된다([그림 3] (c)의 pd.read_csv() 예제 참조).

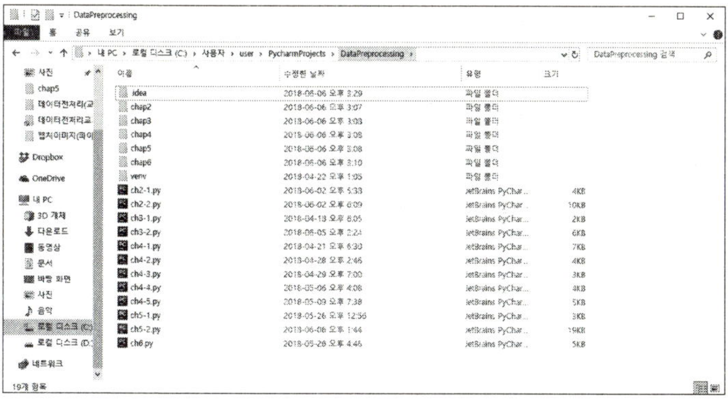

[그림 4] **PyCharm 프로젝트 폴더에 예제 프로그램과 데이터파일을 저장한 모습**

PyCharm에서 개발하고 결과를 확인할 수 있지만, 사용자 대화형으로 그때그때 프로그램 실행 과정에서의 중간 결과를 확인하고 싶을 때는 Jupyter Notebook를 사용하면 편리하다(물론, PyCharm에서도 디버깅 기능을 활용하여 수행 과정의 중간 결과를 확인할 수는 있다). Jupyter Notebook의 기본 폴더는 설치 시에 윈도우즈 사용자 폴더에 생성되는 .jupyter 폴더이다([그림 5] (a) 참조).

Jupyter Notebook에서 예제 프로그램을 실행시키기 위해서는 예제 데이터 파일을 .jupyter 폴더에 복사하고, 프로그램 소스에서 데이터 파일 읽는 부분의 path를 .jupyter/[데이터파일이름]로 수정한 다음 실행한다([그림 5] (b)의 pd.read_csv() 예제 참조).

이 책의 예제 프로그램을 개발하면서, 기본 코딩은 PyCharm IDE 환경에서 하고, 부분 결과의 확인이나 테스트는 Jupyter

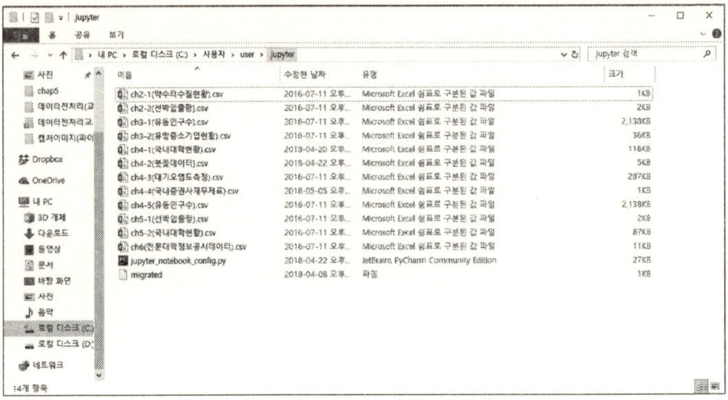

(a) Jupyter Notebook 기본 폴더와 예제 데이터 파일

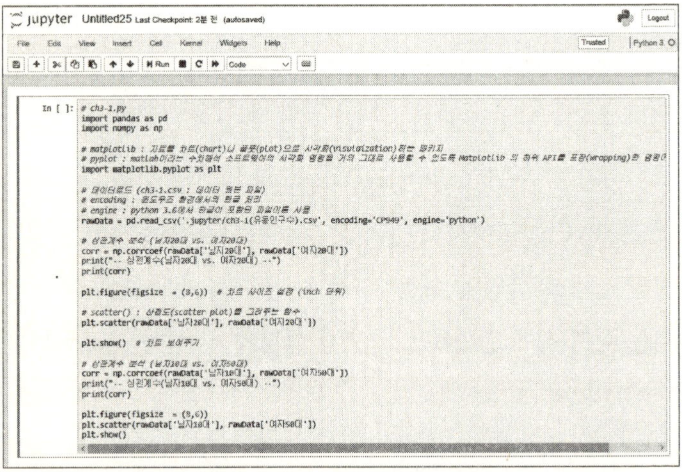

(b) Jupyter Notebook 환경에서의 예제 프로그램

[그림 5] Jupyter Notebook 환경에서의 예제 프로그램 수행

Notebook에서 진행하니 상당히 효율적이었다. 일부 시각화 모듈 같은 경우, PyCharm 환경에서는 결과가 보이지 않고 Jupyter Notebook에서만 보이는 경우도 있었다. 실무 예제 4.2의 의사결정트리 이미지가 그런 경우에 해당된다. 이런 경

우는 반드시 Jupyter Notebook 환경에서 결과 그래프 이미지를 확인하길 바란다.

제 1 장

데이터 전처리 개요

데이터 분석을 위해 통계적 기법이나 데이터마이닝(data mining) 기법이 많이 활용된다. 그런데, 기관이나 기업의 실무에서 생산되거나 활용되는 데이터를 대상으로 분석할 때 분석 기법을 바로 적용하기 힘든 경우가 대부분이다. 실무 데이터는 이론적으로 가정한 데이터와는 달라서 군데군데 비어 있는 상태로 있거나 정합성이 맞지 않는 경우가 많기 때문이다. 데이터 전처리는 데이터 분석 작업 전에 데이터를 분석하기 좋은 형태로 만드는 과정을 총칭하는 개념이다. [그림 1.1]은 데이터마이닝 과정에서 데이터 전처리의 위치를 보여준다. 원천 데이터(original data)에서 분석 대상이 되는 데이터를 끄집어 낸 다음, 본격적인 분석 작업에 들어가기 전에 데이터 전처리 과정을 거친다.

데이터 분석 과정에서 데이터 전처리가 중요한 근본적 이유는 아무리 좋은 분석 기법이나 도구를 사용한다 하더라도

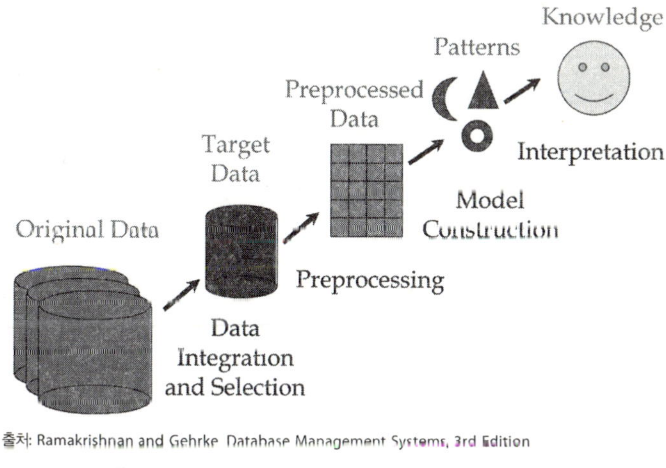

출처: Ramakrishnan and Gehrke, Database Management Systems, 3rd Edition

[그림 1.1] 데이터마이닝 과정에서의 데이터 전처리

품질이 낮은 데이터로는 좋은 분석 결과를 얻을 수 없기 때문이다. 데이터 품질을 떨어뜨리는 주요 원인은 다음과 같다.

- 불완전(incomplete)

  데이터가 비어 있는 경우로 DB 테이블 속성 값이 NULL인 경우

- 잡음(noisy)

  데이터에 오류(error)가 포함된 경우. 예) 나이 = –20

- 모순된(inconsistent)

  데이터 간의 정합성(일관성)이 없는 경우. 예) 성별은 남자인데, 주민번호 뒤 7자리 중 첫 번째 자리가 2인 경우

낮은 데이터 품질이 데이터 전처리를 필요로 하는 가장 중요한 이유이기는 하지만, 데이터 품질이 높다 하더라도 데이터 전처리를 필요로 하는 경우도 많다. 실무에서 존재하는 데이터의 구조적 형태(format)가 분석 목적이나 분석 기법에 적합한 경우가 드물기 때문이다. 데이터의 구조적 형태를 분석 기법을 적용하기 용이한 형태로 전환시키는 것도 데이터 전처리 영역에 속한다.

웹로그 분석을 수행한다고 가정해보자. 웹로그는 웹서버 벤더(vendor)마다 포맷이 조금씩 상이하다. 예를 들어, Apache사의 access log는 [그림 1.2]와 같은 형태로 존재한다.

[그림 1.2]의 웹로그가 사진을 서비스하고 앨범을 만들어주

```
64.242.88.10 - - [07/Mar/2004:16:05:49 -0800]
"GET /twiki/bin/edit/Main/Double_bounce_
sender?topicparent=Main.ConfigurationVariables
HTTP/1.1" 401 12846
64.242.88.10 - - [07/Mar/2004:16:06:51 -0800] "GET
/twiki/bin/rdiff/TWiki/NewUserTemplate?rev1=1.3&r
ev2=1.2 HTTP/1.1" 200 4523
64.242.88.15 - - [07/Mar/2004:16:07:03 -0800] "GET
/07T2KZone/PostPhotos/photo_read.asp?
oid=3110&category=1&theme=t01&page_
num=11&konum=3&kosm=m7_3 HTTP/1.1" 200 76137
Mozilla/5.0 (Windows; U; Windows NT 5.1; en-US;
rv:1.8.0.7) Gecko/20060909 Firefox/1.5.0.7
```

[그림 1.2] **Apache access log의 예**

는 사이트라고 가정하자. 이 사이트에서 어떤 사진들이 많이 조회되고 사진들끼리의 연관 조회 현황을 파악하고자 웹로그를 분석한다고 가정한다면, [그림 1.2]의 웹로그 포맷 그대로 통계나 데이터마이닝 분석 기법을 적용할 수 있을까? 답은 "아니다"이다. 데이터마이닝 기법을 소개하는 서적에서 연관규칙(association rule) 기법을 소개할 때, 예시로 드는 데이터는 대부분 다음과 같은 방식이다.

위의 문제를 풀기 위해 우선 최소 지지도(minimum support) 0.6 이상인 빈발항목(frequent itemset)을 찾고, 빈발항목을 대상으로 연관규칙을 조합한 다음 최소 신뢰도(minimum confidence) 0.8 이상인 연관규칙만 선택하면 해답이 될 것이다.[1]

1 이 문제에서 빈발항목은 (a,b), 연관규칙은 a → b, b → a 임.

```
다음과 같은 itemset을 갖는 트랜잭션 t1, t2, t3가 있다.
```

$$t_1 = \{a, b, c\},\ t_2 = \{a, b\},\ t_3 = c$$

트랜잭션 t_1, t_2, t_3에 대해서, minimum support 0.6 이상인 itemset을 구하고, 이들을 대상으로 minimum confidence 0.8 이상인 연관규칙을 찾으시오.

[그림 1.3] 연관규칙에 대한 이론적 사례

그런데, [그림 1.3]의 문제에서 가정한 트랜잭션 t_1, t_2, t_3처럼 간단명료하게 제시되는 itemset은 실무에서는 거의 존재하지 않는다. 연관규칙과 같은 데이터마이닝 기법을 실무에 적용하기가 생각보다 쉽지 않은 이유가 여기에 있다. [그림 1.2]와 같은 복잡한 구조의 웹로그를 트랜잭션 t_1, t_2, t_3와 같은 구조로 만들어낼 수 있어야 비로소 원하는 분석 기법을 적용할 수 있는 것이다. 이것이 데이터 전처리가 실무에서의 데이터 분석에서 필수불가결한 과정일 수밖에 없는 중요한 이유 중 하나이다.

[그림 1.2]의 웹로그를 대상으로 사진들 간의 조회 연관성을 분석하기 위해 연관규칙을 적용하기 위해서는 어떠한 데이터 전처리가 필요할까?

첫째, 웹로그와 사진 정보가 저장되어 있는 백엔드(back-end)의 데이터베이스가 어떻게 매개되어 있는지부터 파악해야 할 것이다.

이를 위해 웹로그의 클라이언트 요청 URL에 존재하는 모듈(module)과 파라미터(parameter)의 성격을 파악해야 한다. 사진 조회 모듈은 photo_read.asp이고, 사진 정보 데이터베이스에서 임의의 사진을 특정하기 위한 조건 구성을 위해서

```
64.242.88.15 - - [07/Mar/2004:16:07:03 -0800] "GET
/07T2KZone/PostPhotos/photo_read.asp?
oid=3110&category=1&theme=t01&page_
num=11&konum=3&kosm=m7_3 HTTP/1.1" 200 76137
Mozilla/5.0 (Windows; U; Windows NT 5.1; en-US;
rv:1.8.0.7) Gecko/20060909 Firefox/1.5.0.7
```

[그림 1.4] 로그 필터링을 통해 추출한 분석 대상 로그

파라미터 oid, category, theme이 필요하다는 것을 파악했다고 가정하자.

둘째, [그림 1.2]의 웹로그 중에서 사진 조회와 직접적인 관련이 없는 로그를 제거해야 할 것이다.

[그림 1.2]의 첫 번째와 두 번째 로그는 관련이 없다. URL 상의 모듈이 사진 조회 모듈이 아니고, 해당 파라미터도 나타나지 않았기 때문이다. 로그 필터링(filtering)을 통해서 직접적인 분석 대상 로그를 추출하면 [그림 1.4]와 같다.

셋째, 로그를 파싱하여 사진 정보 DB 조회를 위해 필요한 파라미터 값을 추출해야 한다.

로그 텍스트 파싱(parsing)을 통하여 [표 1.1]과 같이 로그 구성 항목에 대한 항목 값을 맵핑한다. 그런 다음, 사진 정보 조회에 필요한 파라미터 값을 얻기 위해 클라이언트 요청 URL(CLIENT_FULL_RESQ 항목)을 다시 파싱한다.

넷째, 로그 파싱을 통해 얻은 파라미터 값을 조건으로 사용하여 사진 정보 DB를 조회하고 조회된 사진의 키 값으로 조회 사진 itemset을 구성한다.

[표 1.1]에서 CLIENT_FULL_RESQ 항목의 URL을 파싱

[표 1.1] 웹 로그 텍스트 파싱(parsing) 결과

SEQ	1814718
CLIENT_IP	84.222.150.222
SERVER_IP	-
AUTH_NM	-
DATE_TIME	2008-04-01 17:06
CS_METHOD	GET
CLIENT_FULL_RESQ	http://chinese.tour2korea.com/07T2KZone/PostPhotos/photo_read.asp?oid=3110&category=1&theme=t01&page_num=11&konum=3&kosm=m7_3
FLAG	
URI_PROTOCOL	HTTP/1.1
SERVER_STAT	200
CONTENT_LENGTH	76137
REFERER	-
USER_AGENT	Mozilla/5.0 (Windows; U; Windows NT 5.1; en-US; rv:1.8.0.7) Gecko/20060909 Firefox/1.5.0.7
COOKIE	-

하여 파라미터 oid, category, theme 값인 3110, 1, t01을 각각 추출하여 [그림 1.5]와 같은 SQL을 사용하여 사진 정보 DB를 조회하고 사진의 키 값을 item 값으로 추출한다.

위의 네 과정을 거쳐야 [그림 1.2]의 t_1, t_2, t_3을 구성하는 item

```
-- t_picture: 사진 정보 저장 테이블,
-- t_pic_class: 사진 분류 정보 저장 테이블

SELECT a.pic_no                        -- t_picture
                                       -- 테이블의 key 속성
FROM t_picture a, t_pic_class b
WHERE a.oid = :v_oid                   -- :v_oid = 웹로그
                                       -- 파라미터 oid 값
                                       -- (3110)
    AND a.pic_no = b.pic_no            -- 조인조건 (b.pic_
                                       -- no는 a.pic_no를
                                       -- 참조하는 외래 키
    AND b.category = :v_category       -- :v_category
                                       -- = 웹로그 파라미터
                                       -- category 값 (1)
    AND b.theme = :v_theme             -- :v_theme =
                                       -- 웹로그 파라미터
                                       -- theme 값 (t01)
```

[그림 1.5] **웹로그 클라이언트 요청 URL의 파라미터 값을 통해 DB에 접근하는 사례**

a, b, c와 같은 요소가 비로소 얻어진다. 이러한 데이터 전처리 과정은 실무 데이터에서는 흔한 일이다. 사실, 설명한 네 과정을 거치더라도 t_1, t_2, t_3에서 가정한 itemset은 얻을 수 없다. 네 과정을 거쳐 얻은 것은 개별 item일 뿐이며, itemset은 아직 정의되지 않았다. itemset을 정의하기 위해서는 트랜잭션[2]의 개념이 존재해야 하는데, 웹로그에는 트랜잭션의 개념이

2 연관규칙에서 트랜잭션은 한 공간의 개체나 동시에 발생하는 행위 집합의 개념이다. 장바구니에 담긴 물건을 가정하면, 장바구니가 트랜잭션이 되고 담긴 물건이 트랜잭션을 구성하는 item이 되며, 한 장바구니에 들어 있는 물건의 집합은 트랜잭션의 itemset이라고 볼 수 있다.

없는 개별적인 웹서버 사용 기록일 뿐이다. 그런데, "어떤 사람이 a 사진을 볼 때 b 사진을 같이 보더라"와 같은 사진 조회 연관성 분석을 위해서는 t_1 = {a, b, c}와 같은 itemset 도출이 반드시 필요하다. 이는 위에서 설명한 네 과정을 거치더라도 아직 데이터 전처리가 끝나지 않았고 트랜잭션 설계와 구현이라는 과정이 남아 있음을 뜻한다. 연관규칙과 같은 데이터 분석 기법의 적용 자체는 오히려 그렇게 어려운 작업이 아니다. SAS, R, 파이썬과 같이 분석 도구(tool)도 다양하고 뛰어난 분석기능을 보유하고 있어 쉽게 원하는 답에 접근할 수 있다. 그러나 이는 분석 대상 데이터가 잘 마련되어 있다는 전제조건하에서 가능한 말이다. 안타깝게도 이러한 전제조건이 그대로 충족되는 경우는 거의 없다. 그렇기 때문에, 데이터 전처리가 성공적 분석의 열쇠를 쥐고 있다고 해도 과언이 아니다.

데이터 전처리의 주요 기법으로는 다음과 같은 것들이 자주 언급된다.

• 데이터 정제(Data Cleaning)

없는 데이터(missing values)는 채우고, 잡음(noisy data)은 제거하며, 모순된 데이터(inconsistent data)는 정합성이 맞는 데이터로 교정하는 작업

• 데이터 통합(Data Integration)

여러 개의 데이터베이스(databases), 데이터큐브(data cubes), 또는 파일(files)을 통합하는 작업

• 데이터 축소(Data Reduction)

샘플링(sampling) 등을 통해 데이터 볼륨(volume)을 줄이거나 분석 대상 속성(차원)을 줄이는 작업

• 데이터 변환(Data Transformation)

데이터 정규화(normalization) 또는 집단화(aggregation)하는 작업

• 데이터 이산화(Data discretization)

데이터 축소(data reduction)의 일종으로 연속적인 수치 데이터에 대한 구간화 작업 (예, 실제 나이를 10대, 20대, 30대 등으로 변환)

데이터 전처리 기법들을 개념적인 몇 개의 유형으로 나누

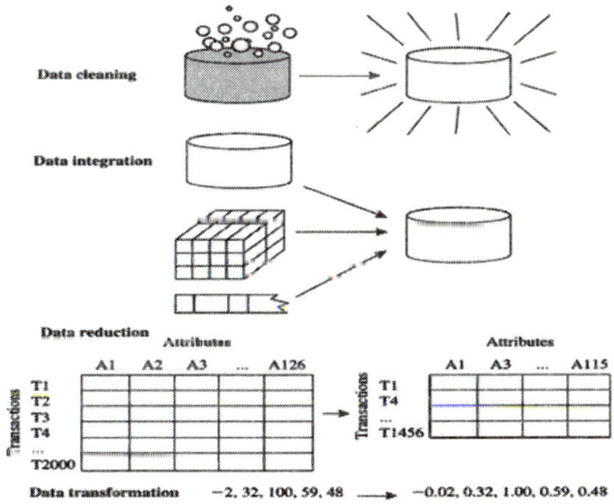

출처: Jiawei Han and Micheline Kamber, Data Mining: Concepts & Techniques

[그림 1.6] **데이터 전처리 주요 기법의 개념(concept)**

기는 했지만, 앞의 웹로그 사례에서 보듯이 대부분의 데이터 전처리는 생각보다 많은 과정을 요구하며, 자동화되기도 힘들다. 실무에 있는 데이터는 매우 다양한 형태로 존재하기 때문에 이를 특정 분석 목적에 맞게 가공하는 일은 사안마다 다를 수밖에 없다. 그러므로 데이터 전처리를 개념적인 몇 가지 분류 내로 국한시켜서는 분석 대상 데이터를 만들어내기 힘들다. 데이터 전처리는 개념적·이론적으로 제시되는 범위보다 훨씬 넓고 포괄적이라고 생각하는 것이 바람직하다.

이러한 이유로 이 책에서 모든 데이터 전처리 유형을 다루는 것은 애초부터 불가능하다. 그래서 이론적으로도 제시되어 있으면서 실무에 자주 등장하는 전처리 유형과 이에 대한 해법을 다루고자 한다. 이론적 부분을 간략하게 설명하고 실제 데이터를 대상으로 제시된 기법을 어떻게 적용하는지에 대한 사례를 중심으로 설명할 것이다. 대부분의 데이터 전처리 관련 서적에서는 이론적 부분을 설명하는 데 그치고 있으며, 이론적 부분의 내용 또한 대동소이하다. 그런데, 정작 궁금한 것은 이론 그 자체가 아니라, 이론적으로 제시된 기법들을 어떻게 실무에 적용할 수 있는가이다. 이 책에서는 이러한 점을 착안하여 제시된 기법 하나하나에 대한 실무 적용 사례들을 제시한다.

데이터 전처리는 통계학적 기법과 DB적 기법이 혼용되는 종합적 영역이므로 이에 적합한 도구(tool)의 선택이 중요하다. 통계학적 기법 적용을 위한 도구로는 빅데이터 분석 도구로서 일반화되어 있는 R을 활용하고, SQL과 같은 DB적 기법 적용에는 오라클 DBMS를 활용한다. 그런데, 사실 R에서도 통계함수뿐만 아니라 데이터프레임을 생성하고 이에 대해 SQL을 구사하여 데이터를 가공할 수 있는 함수를 제공하고 있다. 그러나 R의 SQL은 오라클의 SQL에서 제공하는 윈도우(window) 함수와 같은 데이터의 집합적 처리를 위한 강력한 기능은 제공되지 않은 부분이 있다. 그래서 일부 사례에서는 오라클 SQL을 통해 해답을 제시한다.

제 2 장

데이터 정제

실무에서의 데이터는 비어 있거나(missing value), 오류 값이 들어 있거나 정합성이 맞는 않는 경우가 많다. 불완전한 데이터로 분석 작업을 수행했을 때는 분석 결과 또한 신뢰성이 반감된다. 그러므로 본격적인 분석 작업을 수행하기 전에 데이터의 불완전성을 최대한 제거하는 것이 필요하다.

2.1 결측값의 처리

결측값(missing value)이란 값이 존재하지 않고 비어 있는 상태로서 DB에서의 NULL 값을 의미한다. DB 테이블의 투플에서 분석 대상 속성 값이 상당 부분 비어 있게 되면, 분석 대상 데이터가 충분하지 않은 상태이므로 제대로 된 분석을 수행하기 힘들다. 그렇다면, 결측값은 어떤 방법으로 채울 수 있을까? 결측값을 채우는 방법은 다음과 같다.

결측값을 채우는 방법

- 해당 투플을 무시한다(row-wise deletion).

결측값을 가진 투플을 분석 대상에서 제외시키는 방법인데, 투플 간 결측값을 가진 속성들이 산재해 있다면 너무 많은 투플들이 제외될 수 있어서 효과적이지 않다.

- 결측값을 수동으로 채워 넣는다.

일반적으로 매우 소모적인 방법이며, 대상 투플량이 많은 때에는 비현실적이다.

• 전역상수(global constant)를 사용하여 결측값을 채워 넣는다.

단순하고 명확한 방법이기는 하지만, 전역상수 값이 분석 결과를 왜곡시킬 수 있는 위험성이 있다.

• 속성의 평균값을 사용하여 결측값을 채워 넣는다.

사용자가 임의로 정한 전역상수 값 대신 속성의 평균값을 채워 넣는 방법이지만, 여전히 분석 결과를 왜곡시킬 위험성은 존재한다.

• 주어진 투플과 같은 클래스(분류)에 속하는 투플 들의 속성 평균값을 사용한다.

전체 투플의 평균값을 사용하는 것보다 동일 유형의 투플에 대한 평균값을 사용하므로 분석 결과에 대한 왜곡 가능성은 줄어들 가능성이 높다.

• 가장 가능성이 높은 값으로 결측값을 채워 넣는다.

회귀분석, 베이지안(Bayesian) 기법, 의사결정트리 기법 등의 통계 또는 마이닝 기법을 활용하여 결측값을 예측한다. 분석에 의해 가능성이 높은 값을 찾아내는 방법으로 가장 효과적이며 정확할 수 있으나 결측값을 채우기 위한 분석 가설을 세워야 하는 번거로움과 복잡성이 존재한다.

실무 예제 2-1 **다음은 부산광역시 사상구 약수터 수질 현황표(검사일: 2015년 11월 5일)이다. 표에 나타난 결측 속성 값(일반세균, 질산성질소)을 채우시오.**

⊙ 데이터 파일: ch2-1(약수터수질현황).csv

⊙ 원본 투플 수: 24개

연번	약수터 명	동 명	총 대장균군	일반 세균	질산성 질소	적합
1	백수	모라	양 성	10	6.7	부적합
2	이칠	모라	음 성	20	0.9	적합
3	운수사	모라	음 성	10	1.1	적합
4	서당골	모라	음 성	10		적합

* 출처: 공공 데이터 포털(www.data.go.kr)

```
# ch2-1.py

import pandas as pd  # 데이터프레임 활용을 위한 pandas 패키지 임포트

# 데이터로드(ch2-1.csv : 데이터 원본 파일)
# encoding: 윈도우즈 환경에서의 한글 처리
# engine: python 3.6에서 한글이 포함된 파일이름 사용
rawData = pd.read_csv('chap2/ch2-1(약수터수질현황).csv',
encoding= 'CP949', engine= 'python')
```

◘ read_csv()는 csv 파일을 읽어서 pandas 데이터프레임에 넣는 함수이다. encoding과 engine 파라미터는 윈도우즈 환경에서 한글 처리를 위해 사용하였다.

1) 해당 투플을 무시하는 방법(row-wise deletion)

```
# 결측값(NULL 값)을 포함하고 있는 투플 제거(row-wise deletion)
rawData_missing_exclusion = rawData.dropna()

print(rawData_missing_exclusion)     # 결과보기
```

◘ dropna()는 NULL 값이 포함되어 있는 투플을 삭제하는 데이터프레임 함수이다.

결과

	연번	약수터 명	동명	총 대장균군	일반 세균	질산성 질소	적합
0	1	백수	모라	양성	10.0	6.7	부적합
1	2	이칠	모라	음성	20.0	0.9	적합
2	3	운수사	모라	음성	10.0	1.1	적합
4	5	청수	괘법	음성	20.0	2.7	적합
5	6	사상	괘법	음성	10.0	2.2	적합
6	7	탑골	괘법	양성	10.0	2.6	부적합
7	8	삼각산	괘법	음성	10.0	2.7	적합
8	9	괘내	괘법	음성	20.0	3.1	적합
9	10	황씨묘위	감전	음성	10.0	3.1	적합
10	11	체육공원	감전	음성	20.0	4.0	적합
11	12	건강	주례	음성	10.0	1.8	적합
12	13	백양골	주례	양성	10.0	2.8	부적합
13	14	백양정	주례	음성	10.0	7.5	적합
14	15	승록정	주례	음성	20.0	2.3	부적합
15	16	복천	주례	음성	20.0	2.4	적합
17	18	삼운정	주례	음성	20.0	3.8	적합
18	19	무명	주례	음성	110.0	0.7	부적합
20	21	거북	학장	음성	20.0	1.0	적합
21	22	백련	엄궁	양성	40.0	1.9	부적합
22	23	불심	엄궁	음성	20.0	1.7	적합
23	24	승학	엄궁	음성	20.0	2.6	적합

◘ 연번 4, 17, 20인 세 개의 투플을 삭제한 결과이다.

2) 전역상수(global constant)를 사용하여 결측값을 채워 넣는 방법

```
# 결측값(NULL 값)을 전역상수(0)로 대체
rawData_missing_fill_constant = rawData.fillna(0)

# 결과 보기(결측값은 채운 연번이 4, 17, 20인 투플만 출력)
print(rawData_missing_fill_constant.query('연번 in (4, 17,
20)'))
```

◘ fillna(x)는 NULL 값을 상수 값 x로 채우는 데이터프레임 함수이다. query()는 데이터프레임에서 특정 조건에 맞는 투플을 선택하기 위한 데이터프레임 함수이다.

결과

	연번	약수터 명	동명	총 대장균군	일반 세균	질산성 질소	적합
3	4	서당골	모라	음성	10.0	0.0	적합
16	17	밤골	주례	음성	0.0	0.0	적합
19	20	승학	학장	양성	0.0	0.3	부적합

◘ 연번 4의 질산성 질소, 연번 17의 일반 세균과 질산성 질소, 연번 20의 일반 세균 속성 값을 전역상수 0으로 채운 결과이다.

3) 속성의 평균값을 사용하여 결측값을 채워 넣는 방법

```
# 결측값(NULL 값)을 해당 속성의 평균값으로 대체
rawData_missing_fill_mean = rawData.fillna(rawData.mean())

# 결과보기 (결측값은 채운 연번이 4, 17, 20인 투플만 출력)
print(rawData_missing_fill_mean.query('연번 in (4, 17, 20)'))
```

◘ mean()은 해당 속성의 평균값을 구하는 데이터프레임 함수이다.

결과

	연번	약수터 명	동명	총 대장균군	일반 세균	질산성 질소	적합
3	4	서당골	모라	음성	10.000000	2.631818	적합
16	17	밤골	주례	음성	20.454545	2.631818	적합
19	20	승학	학장	양성	20.454545	0.300000	부적합

◘ 연번 4의 질산성 질소, 연번 17의 일반 세균과 질산성 질소, 연번 20의 일반 세균 속성 값을 속성 평균값으로 채운 결과이다.

4) 주어진 투플과 같은 클래스(분류)에 속하는 투플들의 속성 평균값을 채워 넣는 방법

```
# 결측값을 같은 클래스(분류)의 속성 평균값으로 대체
# 클래스(분류) 기준 속성 : 적합
# 데이터프레임 복사 : rawData -> rawData_missing_fill_mean_
                                groupby
# copy=True 이면 별도의 공간에 데이터프레임 생성
rawData_missing_fill_mean_groupby = pd.DataFrame(rawData,
                                      copy=True)
rawData_missing_fill_mean_groupby['일반세균'].fillna(rawData_
missing_fill_mean_groupby.groupby('적합')['일반세균'].
transform('mean'), inplace=True)
```

```
rawData_missing_fill_mean_groupby['질산성질소'].fillna(rawData_
missing_fill_mean_groupby.groupby('적합')['질산성질소'].
transform('mean'), inplace=True)

# 결과 보기 (결측값은 채운 연번이 4, 17, 20인 투플만 출력)
print(rawData_missing_fill_mean_groupby.query('연번 in (4,
17, 20)'))
```

◘ groupby('적합')['일반세균'].transform('mean')은 데이터프레임을 '적합' 속성으로 그룹핑하여 그룹별 '일반세균' 속성의 평균값을 구하는 데이터프레임 함수이다.

결과

	연번	약수터 명	동명	총 대장균군	일반세균	질산성 질소	적합
3	4	서당골	모라	음성	10.000000	2.706667	적합
16	17	밤골	주례	음성	15.625000	2.706667	적합
19	20	승학	학장	양성	33.333333	0.300000	부적합

◘ 연번 4와 17의 질산성 질소 값은 두 투플이 같은 클래스(분류)에 속하므로 동일하나, 연번 17과 20의 일반 세균 값은 두 투플이 다른 클래스(분류)에 속하므로 다르다.

5) 가장 가능성이 높은 값으로 결측값을 채워 넣는 방법

```
# 회귀분석을 활용한 결측치 예측 (일반 세균과 질산성 질소 간 회귀분석)
from scipy import stats  # 선형회귀분석을 위한 scipy 패키지 중
stats 모듈 임포트
import numpy as np  # 수학 및 과학 연산을 위한 패키지

# 회귀분석을 활용한 결측치 예측(일반 세균과 질산성 질소 간 회귀분석)
# stats.linregress(x, y) : y = slope * x + intercept 형식의
선형함수를 찾아주는 stats 모듈 함수로 다섯 개의 값을 반환
# 데이터프레임 복사 : rawData → rawData_missing_fill_regression
rawData_missing_fill_regression = pd.DataFrame(rawData,
copy=True)

# mask : 일반세균 속성값과 질산성질소 속성값 둘 다 NaN(NULL)이 아닐 때
True로 세팅하기 위한 변수
mask = ~np.isnan(rawData_missing_fill_regression['일반세균'])
& ~np.isnan(rawData_missing_fill_regression['질산성질소'])
```

```
# NaN(NULL)값을 제외하고 선형회귀분석 수행
slope, intercept, r_value, p_value, std_err = stats.
linregress(rawData_missing_fill_regression['일반세균'][mask],
rawData_missing_fill_regression['질산성질소'][mask])

# 일반 세균 값에 의한 질산성 질소 값 산출 (연번 4번 투플에 적용)
rawData_missing_fill_regression.loc[3, '질산성질소'] = rawData_
missing_fill_regression['일반세균'][3]*slope + intercept

# NaN(NULL) 값을 제외하고 선형회귀분석 수행
slope, intercept, r_value, p_value, std_err = stats.
linregress(rawData_missing_fill_regression['질산성질소'][mask],
rawData_missing_fill_regression['일반세균'][mask])

# 질산성 질소 값에 의한 일반 세균 값 산출(연번 20번 투플에 적용)
rawData_missing_fill_regression.loc[19, '일반세균'] = rawData_
missing_fill_regression['질산성질소'][19]*slope + intercept

# 결과 보기 (결측값은 채운 연번이 4, 20인 투플만 출력)
print(rawData_missing_fill_regression.query('연번 in (4,
20)'))
```

◘ stats.linregress(x, y)는 속성 x에 대한 속성 y의 선형회귀분석을 수행하는 scipy 패키지 stats 모듈함수이다. 5개의 결과 값을 반환하는데, 〈y = slope * x + intercept〉 형태의 선형함수식으로 해석된다. 여기서 주의해야 할 것은 lineregress() 함수는 NaN(NULL) 값을 처리하지 못하므로, mask 변수를 선언하고 isnan() 함수를 이용하여 NULL 값을 제외하고 함수를 적용하였다. rawData.loc[3, '질산성질소']은 데이터프레임 3번 행(4번 째 행)의 '질산성 질소' 속성을 의미한다. (데이터프레임 기본 인덱스는 0번부터 시작됨) rawData['일반세균'][3]은 데이터프레임 '일반 세균' 속성의 3번 행(4번 째 행) 값을 의미한다.

결과

	연번	약수터 명	동명	총 대장균군	일반세균	질산성질소	적합
3	4	서당골	모라	음성	10.000000	3.045076	적합
19	20	승학	학장	양성	31.875432	0.300000	부적합

◘ 연번 4의 일반 세균 값(10)에 대한 질산성 질소 값(3.045076)과 연번 20의 질산성 질소 값(0.3)에 대한 일반 세균 값(31.875432)을 채운다.

2.2 잡음 제거

잡음(noise data)이란 측정된 변수(속성)에서의 오류나 오차 값을 의미한다. 오류나 오차에 의한 값의 경향성 훼손을 줄이기 위해서 데이터 평활화 기법(smoothing technique)을 적용하여 값을 매끄럽게 다듬는다. 평활화 기법에는 다음과 같은 것들이 있다.

데이터 평활화 기법

- 구간화(Binning)

정렬된 데이터 값들을 몇 개의 빈(혹은 버킷)으로 분할하여 평활화하는 방법으로 이웃(neighborhood, 주변 값)들을 참조하여 정렬된 데이터를 매끄럽게 한다.

  – 평균값 평활화(smoothing by bin means)

  빈(bin)에 있는 값들이 그 빈의 평균값(mean)으로 대체된다.

- 중앙값 평활화(smoothing by bin medians)

  빈(bin)에 있는 값들이 그 빈의 중앙값(median)으로 대체된다.

- 경곗값 평활화(smoothing by bin boundaries)

  빈(bin)의 최솟값과 최댓값이 그 빈의 경곗값이 되며, 두 경곗값 중 가까운 쪽 값으로 대체된다.

• 회귀(Regression)

회귀함수에 의한 데이터 평활화 기법을 의미한다. 선형 회귀분석(linear regression analysis)은 하나의 속성이 다른 하나의 속성을 예측하는 데 이용될 수 있도록 최선의 직선을 찾는 것을 의미한다. 다중 회귀분석은 단순 선형 회귀분석의 확장으로 두 개 이상의 속성을 가지고 다른 속성을 예측하여 평활화를 진행한다.

• 군집화(clustering)

군집화는 유사한 값들끼리 그룹화하는 과정이다. 군집화 결과 어떠한 그룹에도 속하지 않은 값을 이상 값(outlier)이라고 한다. 이상 값은 경향성을 훼손하는 오류 데이터일 가능성이 높기 때문에 평활화 대상이 될 수 있다.

실무 예제 2-2 다음은 2016년 항만별 선박 입출황 현황이다. 선박 수 속성은 구간화(Binning) 기법으로 평활화시키고, 선박톤 수 속성은 선박 수 속성과의 회귀(regression) 분석을 통하여 평활화시키시오.

⊙ 데이터 파일: ch2-2(선박입출항).csv

⊙ 원본 투플 수: 30개

항만	입항선박수	입항선박톤수	출항선박수	출항선박톤수
부산	7,301	105,138,280	7,409	103,857,903
인천	2,715	30,716,710	2,716	30,779,186
평택.당진	1,558	23,153,226	1,536	22,778,109
경인항	28	126,236	27	128,344
동해.묵호	552	4,202,603	546	4,039,929

* 출처: 공공 데이터 포털(www.data.go.kr)

```
# ch2-2.py
import pandas as pd
import numpy as np    # 수학 및 과학 연산을 위한 numpy 패키지 임포트
import cx_Oracle      # Oracle DB 연동을 위한 cx_Oracle 패키지
                        임포트

# 데이터 로드(ch2-2.csv: 데이터 원본 파일)
# encoding: 윈도우즈 환경에서의 한글 처리
# engine: python 3.6에서 한글이 포함된 파일 이름 사용
rawData = pd.read_csv('chap2/ch2-2(선박입출항).csv',
encoding='CP949', engine='python')

# Oracle DB 연결
# 접속 정보(connection string): ID/PASS@CONNECTION_ALIAS
# CONNECTION_ALIAS: Oracle TNSNAMES.ORA 파일에 있는 접속 정부 별칭
(ALIAS)
conn_ora = cx_Oracle.connect("prep1/prep1@XE")

# DB 커서(Cursor) 선언
cur = conn_ora.cursor()

# 사용할 Oracle 소스 테이블 명 지정
src_table = "d_base2_2"
```

```
# 데이터프레임(rawData)에 저장된 데이터를 Oracle 테이블(d_base2_2)에
입력하기 위한 로직
# d_base2_2 테이블 존재하는지 체크하는 함수
def table_exists(name=None, con=None):
    sql = "select table_name from user_tables where table_
name='MYTABLE'".replace('MYTABLE', name.upper())
    df = pd.read_sql(sql, con)
    # 테이블이 존재하면 True, 그렇지 않으면 False 반환
    exists = True if len(df) > 0 else False
    return exists

# 테이블(d_base2_2) 생성(테이블이 이미 존재한다면 TRUNCATE TABLE)
if table_exists(src_table, conn_ora):
    cur.execute("TRUNCATE TABLE " + src_table)
else:
    cur.execute("create table " + src_table + " ( \
                항만 varchar2(20) primary key, \
                입항 선박 수 number(5), \
                입항 선박톤 수 number(10), \
                출항 선박 수 number(5), \
                출항 선박톤 수 number(10))")

# Sequence 구조를 Dictionary 구조(element, value)로 변환하는 함수
# 예: ["Matt", 1] -> {'1':'Matt', '2':1}
# INSERT INTO ... VALUES (:1, :2, ...) 에서 바인드 변수 값을 주기
위해 Dictionary item 구조 사용
def convertSequenceToDict(list):
    dict = {}
    argList = range(1, len(list) + 1)
    for k, v in zip(argList, list):
        dict[str(k)] = v
    return dict

# 데이터프레임에 저장된 데이터를 Oracle 테이블로 입력(insert)
cols = [k for k in rawData.dtypes.index]
colnames = ','.join(cols)
colpos = ', '.join([':' + str(i + 1) for i, f in
enumerate(cols)])
insert_sql = 'INSERT INTO %s (%s) VALUES (%s)' % (src_table,
colnames, colpos)
```

```
# INSERT INTO ... VALUES (:1, :2, ...)의 바인드 변수 값을 저장하는 Dictionary 구조 생성
data = [convertSequenceToDict(rec) for rec in rawData.values]

# 바인드 변수와 Dictionary 데이터 구조를 활용하여 Bulk Insertion 구현
cur.executemany(insert_sql, data)

# csv 파일 데이터의 Oracle 테이블 입력 완료
conn_ora.commit()
```

◘ 데이터 평활화를 위해 Oracle DBMS와 연동하여 raw 데이터를 Oracle 테이블에 저장하고, 이를 대상으로 SQL을 활용하여 평활화 작업을 수행하였다. Oracle SQL은 분석 함수 등 데이터 평활화 처리에 유리한 기능들을 다수 포함되어 있어 평활화 구현이 용이하다. read_sql()는 SQL의 수행 결과를 데이터프레임에 넣은 pandas 함수이다. 단, 함수 수행을 위해서는 반드시 DB 엔진을 필요로 한다. 데이터프레임에 저장된 데이터를 Oracle 테이블에 입력하기 위해서 바인드 변수와 Dictionary 데이터 구조를 사용하였고, executemany() 함수를 이용하여 복수 개의 튜플을 한 번에 Oracle 테이블에 입력하였다.

1) 구간화(Binning)–평균값 평활화(Smoothing by Bin Means)

```
# 평균값 평활화(구간 : 500)
result_df = pd.read_sql("select 항만 \
                , 입항선박수 \
                , round(avg(입항선박수) over (partition by
                  floor(입항선박수/500)), 0) 입항선박수_평활 \
                , 출항선박수 \
                , round(avg(출항선박수) over (partition by
                  floor(출항선박수/500)), 0) 출항선박수_평활 \
           from " + src_table, con=conn_ora)

# 결과 보기(첫 10개 행만 출력)
print(result_df.head(10))
```

◘ avg() over (partition by ...)는 partition by에 의해 파티션된 그룹별 평균을 구하는 Oracle 분석함수이다. floor(입항선박수/500)은 입항선박수/500의 결과 값보다 크지 않은 정수 중에서 가장 최댓값을 산출하는 Oracle 함수이고, round(A,0)는 A값을 소수 첫째 자리에서 반올림하는 Oracle 함수이다.

결과

	항만	입항선박수	입항선박수_평활	출항선박수	출항선박수_평활
0	장승포	3	129	3	130
1	통영	178	129	180	130
2	태안	52	129	55	130
3	보령	65	129	62	130
4	호산	14	129	13	130
5	옥계	164	129	167	130
6	속초	15	129	17	130
7	삼척	186	129	189	130
8	경인항	28	129	27	130
9	옥포	422	129	426	130

◘ 입항선박수_평활과 출항선박수_평활 속성 값은 구간의 평균값을 적용한 결과이다(첫 10개 투플만 출력).

2) 구간화(Binning)–중앙값 평활화(Smoothing by Bin Medians)

```
# 중앙값 평활화(구간 크기: 500)
# 입항 선박 수 중앙값을 구하는 뷰(view)
cur.execute("create or replace view 입항_median_view \
           as \
           select 항만 \
                , 입항선박수 \
                , bin_id /* 구간 id */ \
                , rnum /* 구간 내의 위치 */ \
                , floor((cnt + 1) / 2) med1 /* 구간의 중앙 위치
                  (왼쪽) */ \
                , ceil((cnt + 1) / 2) med2 /* 구간의 중앙 위치
                  (오른쪽) */ \
           from ( select 항만 \
                       , 입항선박수 \
                       , floor(입항선박수 / 500) bin_id \
                       , row_number() over (partition by
                         floor(입항선박수 / 500) order by
                         입항선박수) rnum \
                       , count(*) over (partition by floor(
                         입항선박수 / 500)) cnt \
                from " + src_table + " )")
```

```
# 출항 선박 수 중앙값을 구하는 뷰(view)
cur.execute("create or replace view 출항_median_view \
          as \
          select 항만 \
               , 출항선박수 \
               , bin_id /* 구간 id */ \
               , rnum /* 구간 내의 위치 */ \
               , floor((cnt + 1) / 2) med1 /* 구간의 중앙 위치
                 (왼쪽) */ \
               , ceil((cnt + 1) / 2) med2 /* 구간의 중앙 위치
                 (오른쪽) */ \
          from ( select 항만 \
                      , 출항선박수 \
                      , floor(출항선박수 / 500) bin_id \
                      , row_number() over(partition by
                        floor(출항선박수 / 500) order by
                        출항선박수) rnum \
                      , count(*) over(partition by floor(
                        출항선박수 / 500)) cnt \
                 from " + src_table + " )")

# 입항 선박 수와 출항 선박 수 평활(중앙) 값 결합
result_df = pd.read_sql("select 항만 \
            , min(decode(gubun, 1, col1)) 입항선박수 \
            , min(decode(gubun, 1, col2)) 입항선박수_평활 \
            , min(decode(gubun, 2, col1)) 출항선박수 \
            , min(decode(gubun, 2, col2)) 출항선박수_평활 \
          from ( select 1 gubun /* 입항선박수 중앙값 구하기 */ \
                 , a.항만 \
                 , a.입항선박수 col1 \
                 /* b.입항선박수: 구간 내 중앙(왼쪽)값, c.입항선박수:
                 구간 내 중앙(오른쪽)값 */ \
                 , round((b.입항선박수 + c.입항선박수) / 2, 0)
                   col2 \
            from 입항_median_view a, 입항_median_view b,
                 입항_median_view c \
            where a.bin_id = b.bin_id and a.med1 = b.rnum \
            and a.bin_id = c.bin_id and a.med2 = c.rnum \
            union all \
            select 2 gubun /* 출항선박수 중앙값 구하기 */ \
                 , a.항만 \
```

```
                , a.출항선박수 col1 \
                /* b.출항선박수: 구간 내 중앙(왼쪽)값, c.출항선박수:
                   구간 내 중앙(오른쪽)값 */ \
                , round((b.출항선박수 + c.출항선박수) / 2, 0)
                  col2 \
            from 출항_median_view a, 출항_median_view b, 출항_
                median_view c \
            where a.bin_id = b.bin_id and a.med1 = b.rnum \
            and a.bin_id = c.bin_id and a.med2 = c.rnum ) \
    group by 항만", con=conn_ora)

# 결과 보기(첫 10개 행만 출력)
print(result_df.head(10))
```

◘ 중앙값 평활화를 위해서 구간 크기를 정하고, 각 구간의 중앙값을 구한다. 각 구간의 중앙값은 해당 구간에 속한 속성 값들을 정렬했을 때, 가운데 위치한 값을 의미한다. 속성 값이 홀수 개일 때는 가운데 값이고, 짝수 개일 때는 두 개의 가운데 값의 평균이다. 이를 구하기 위하여 오라클 분석함수 row_number() over()와 count() over ()를 활용하였고, 구간 크기를 2로 나눈 결과에 floor()와 ceil() 함수를 각각 적용하였다. floor()는 소수점을 버리는 함수이고, ceil()은 소수점을 올려 정수를 만드는 함수이다. 중앙값을 가진 위치 정보를 구하고 해당 위치의 입출항 선박 수를 구함으로써 중앙값을 획득한다.

결과

	항만	입항 선박 수	입항 선박 수_평활	출항 선박 수	출항선박수_평활
0	속초	15	81	17	81
1	태안	52	81	55	81
2	포항	967	652	947	658
3	광양	4050	4098	4078	4121
4	장승포	3	81	3	81
5	삼천포	222	81	221	81
6	삼척	186	81	189	81
7	호산	14	81	13	81
8	고현	587	652	583	658
9	평택.당진	1558	1558	1536	1536

◘ 입항선박수_평활과 출항선박수_평활 속성 값은 구간의 중앙값 적용한 결과이다.

3) 구간화(Binning)–경곗값 평활화(Smoothing by Bin Boundaries)

```
# 경계값 평활화(구간: 500)
result_df = pd.read_sql("select 항만 \
                        , 입항선박수 \
                        , case when (입항선박수 - 입항_경계_최소)
                          < (입항_경계_최대 - 입항선박수) then
                          입항_경계_최소 \
                         else 입항_경계_최대 end 입항선박수_평활 \
                        , 출항선박수 \
                        , case when (출항선박수 - 출항_경계_최소)
                          < (출항_경계_최대 - 출항선박수) then
                          출항_경계_최소 \
                          else 출항_경계_최대 end 출항선박수_평활 \
                   from ( \
                            select 항만 \
                                   , 입항선박수 \
                                   , floor(입항선박수/500)*500
                                     입항_경계_최소 \
                                   , floor(입항선박수/500)*500 +
                                     500 입항_경계_최대 \
                                   , 출항선박수 \
                                   , floor(입항선박수/500)*500
                                     출항_경계_최소 \
                                   , floor(입항선박수/500)*500 +
                                     500 출항_경계_최대 \
                            from " + src_table + " )",
                                     con=conn_ora)

# 결과 보기(첫 10개 행만 출력)
print(result_df.head(10))
```

◘ 우선, 최소 경곗값과 최대 경곗값을 구한 다음에 이를 대상으로 실제 값과 경곗값들의 차이를 구하고 이를 비교하여 두 경곗값 중 하나를 선택하는 로직이다. case when A then B else C end는 조건식 A가 참이면 B 값을 그렇지 않으면 C 값을 선택하는 SQL 구문이다.

결과

	항만	입항 선박 수	입항선박수_평활	출항 선박 수	출항선박수_평활
0	부산	7301	7500	7409	7500
1	인천	2715	2500	2716	2500
2	평택.당진	1558	1500	1536	1500
3	경인항	28	0	27	0
4	동해.묵호	552	500	546	500
5	삼척	186	0	189	0
6	속초	15	0	17	0
7	옥계	164	0	167	0
8	호산	14	0	13	0
9	대산	1333	1500	1324	1500

◘ 입항선박수_평활과 출항 선박 수_평활 속성 값은 구간의 최소 경곗값과 최대 경곗값 중에서 속성의 실제 값에 더 가까운 쪽을 선택한 결과이다.

4) 회귀분석에 의한 평활화

```
# 선형회귀분석을 위한 scipy 패키지 중 stats 모듈 임포트
from scipy import stats

# 데이터프레임 복사 : rawData -> result_df
# copy=True 이면 별도의 공간에 데이터프레임 생성
result_df = pd.DataFrame(rawData, copy=True)

# 회귀분석에 의한 평활화 (입출항선박수와 입출항선박톤수 간 회귀분석)
# 회귀분석 시, 결측치나 수의 표현, 범위 상이 문제로 인한 경고메시지 출력
방지
np.seterr(invalid='ignore')

# stats.linregress(x, y) : y = slope * x + intercept 형식의
선형함수를 찾아주는 stats 모듈 함수로 다섯 개의 값을 반환
slope, intercept, r_value, p_value, std_err = stats.
linregress(result_df['입항선박수'], result_df['입항선박톤수'])

# 입항선박수에 의한 입항선박톤수 산출
result_df.loc['입항선박톤수'] = result_df['입항선박수']*slope +
intercept
```

```
slope, intercept, r_value, p_value, std_err = stats.
linregress(rawData['출항선박수'], rawData['출항선박톤수'])

# 출항선박수에 의한 출항선박톤수 산출
result_df.loc['출항선박톤수'] = result_df['출항선박수']*slope +
intercept

# 결과보기(첫 10개행만 출력)
print(result_df.head(10))
```

◘ stats.linregress(x, y)는 속성 x에 대한 속성 y의 선형회귀분석을 수행하는 scipy 패키지 stats 모듈 함수이다. 5개의 결과값을 반환하는데, 『y = slope * x + intercept』 형태의 선형함수식으로 해석된다. 『result_df.loc['입항선박톤수'] = result_df['입항선박수']*slope + intercept』 수행을 통하여 result_df 데이터프레임 각 행의 입항선박수 대비 입항선박톤수를 구한다. 위 코드 수행과정에서 『RuntimeWarning: invalid value encountered in greater』와 같은 Runtime Warning 메시지가 나타날 수 있다. 이는 numpy 패키지에서 주로 발생하는데, 결측치(NaNs) 또는 수의 표현이나 범위 상의 문제로 발생한다. Warning 메시지가 나타나지 않도록 하려면, 『np.seterr(invalid='ignore')』 코드를 추가시켜 주면 된다.

결과

	항만	입항선박수	입항선박톤수	출항선박수	출항선박톤수
0	부산	7301.0	105138280.0	7409.0	103857903.0
1	인천	2715.0	30716710.0	2716.0	30779186.0
2	평택.당진	1558.0	23153226.0	1536.0	22778109.0
3	경인항	28.0	126236.0	27.0	128344.0
4	동해.묵호	552.0	4202603.0	546.0	4039929.0
5	삼척	186.0	589721.0	189.0	599042.0
6	속초	15.0	6631.0	17.0	7887.0
7	옥계	164.0	572269.0	167.0	584674.0
8	호산	14.0	976358.0	13.0	890153.0
9	대산	1333.0	10800292.0	1324.0	10944114.0

◘ 입항선박톤수와 출항선박톤수의 평활화 결과는 원본 데이터와 오차가 다소 존재하며, 선형함수의 형태에 따라 현실적으로 존재하지 않는 음수(−) 값도 나올 수 있다

※ Oracle DB 세션(session) 종료

```
# 커서(cursor) 종료
cur.close()

# Oracle connection 종료
conn_ora.close()
```

◘ 『ch2-2.py』의 마지막 코드 부분으로 DB 커서를 종료하고 Oracle connection을 종료한다.

2.3
데이터 정제 절차

데이터 정제의 일반적인 절차는 다음과 같다.

데이터의 모순점 포착

데이터의 모순점이 발생할 수 있는 원인들을 알아야 이들을 찾을 수가 있을 것이다.

- 잘못 설계된 데이터 입력 폼이 존재
- 데이터 입력에서 사람의 실수로 발생
- 응답자가 자신의 정보가 누설되는 것을 원하지 않기에 발생하는 의도적인 오류
- 바뀐 주소와 같이 만료된 데이터
- 데이터 표현의 모순
- 일치하지 않는 코드의 사용
- 데이터를 기록하는 계측 장치의 오류나 시스템 오류
- 원래의 의도와 다른 목적으로 데이터를 부적절하게 사용
- 데이터 통합 과정에서 주어진 속성이 다른 데이터베이스

에서 다른 이름을 갖고 있을 때

데이터 모순점의 포착은 데이터 특성에 대한 파악에서부터 시작한다. 데이터에 대한 특성 정보를 '데이터에 대한 데이터', 즉 메타데이터라고 한다. 메타데이터는 대체로 다음과 같은 정보를 가지고 있다.

- 속성의 데이터 타입과 도메인(속성 값의 범위)
- 속성 값의 분포 특성(대칭, 비대칭 등)
  - 대칭/비대칭 분포
  - 실제 값의 주요 분포 범위
  - 값의 표준편차(예를 들어, 주어진 속성에 대한 평균값으로부터 떨어진 2개 이상의 표준 편차는 잠재적인 이상치(outlier) 점으로 볼 수도 있다)
- 속성 간의 의존성
  - 속성 A의 값이 같은 투플의 속성 B 값이 반드시 같다면, 속성 A와 속성 B 간의 함수적 종속성이 존재한다고 말하며 A → B로 표시한다.

메타데이터를 활용하여 잡음 값(noisy data), 이상치(outlier) 등을 파악할 수 있다.

데이터 분석가는 코드 사용의 불일치와 데이터 표현의 불일치를 주의해야 한다. 필드 오버로딩(Field Overloading)은 개발자가 기존에 정의된 속성에서 사용하지 않는 일부를 새로운 속성의 정의로 사용할 때 문제가 발생하는 흔한 이유다. 이러한 데이터에 대해서는 아래의 세 가지 규칙에 대한 검토가 이루어져야 한다.

① 유일 규칙(Unique Rule): 주어진 속성의 값이 같은 속성의 다른 값들과는 달라야 한다.
② 일관 규칙(Consecutive Rule): 최솟값과 최댓값 사이에 결측치가 없어야 한다.
③ 무 규칙(Null Rule): 공백, 물음표, 특수문자 등과 같이 데이터가 없음을 가리키는 다른 문자의 사용이 가능하다.

모순점 포착 단계에서 도움이 될 만한 다른 상용 도구들이 있는데, 여기에는 데이터 세정 도구(Data Scrubbing Tool)와 데이터 감사 도구(Data Auditing Tool)가 있다. 데이터 세정 도구는 여러 근원지에서 발생한 데이터를 정제할 때, 오류를 감지하고 이를 수정하기 위해서 단순한 도메인 지식을 사용한다. 이런 도구들은 구문 분석(Parsing)과 퍼지 매칭(Fuzzy maching) 기술에 의존한다. 데이터 감사 도구는 규칙과 관계를 탐색하여 분석하고, 이런 조건에 위배되는 데이터를 찾아냄으로써 모순을 찾아내는 도구다. 이런 도구들은 상관관계를 찾기 위해 정적 분석을 한다거나, 이상점을 찾기 위해 클러스터링을 한다거나, 앞서 나온 기본 정적 데이터 묘사에서도 사용이 가능하다는 점에 있어서 데이터마이닝 도구의 변종이라고 볼 수도 있다. 상용 도구는 데이터 변환 단계에서도 도움될 수 있는데, 데이터 이관 도구(Data Migration Tool)는 필드를 변환하는 등의 단순한 변환을 지정하여 수행할 수 있다. ETL(Extraction/Transformation/Loading) 도구는 사용자가 GUI를 통해 변형을 지정할 수가 있다. 이런 도구들은 제한된 변형들을 제공하기 때문에 데이터 정제 처리를 위한 별도의 사용자 스크립트를 작성할 수도 있다.

모순점 포착과 데이터 변환의 반복

두 번째 단계는 모순점이 발견된 데이터에 대한 변환 과정의 반복이다. 이 과정은 오류도 발생하기 쉽고 시간도 많이 소요되는 편이다. 어떤 변환은 더 많은 모순을 가져올 수도 있다. 또, 어떤 내재된 모순은 다른 것들이 모두 수정된 후에야 감지될 수도 있다. 예를 들어, 년도에 '20001'이라는 타이핑이 들어갔다면, 이 모순점은 다른 모든 날짜 값들이 일관된 형식으로 변환될 때가 되어서야 잘못되었다는 것을 알 수가 있다. 종종 변환을 사용자 피드백 없이 대기하는 일괄처리(batch process) 형태로 수행되는 경우가 있을 수 있는데, 이런 경우에는 모든 변환이 마친 뒤에서야 사용자가 이를 찾아 확인할 수 있다. 따라서 이러한 반복들은 사용자가 만족스러운 데이터를 얻기까지 꽤나 많은 횟수가 이루어지는 경우가 일반적이다.

데이터 변환에 대한 접근 방법으로 상호작용하는 방식이 있다. 도공의 물레(Potter's Wheel)와 같이 모순점 포착과 변환 기능을 통합한 데이터 정제 도구가 그 전형적인 예다. 사용자는 스프레드시트와 같은 인터페이스상에서 한 번에 한 단계씩

차례로 합성과 각 변환의 디버깅을 통해 일련의 변환들을 생성해낸다. 이 변환은 제공되는 예제나 시각적인 선택을 통해 지정될 수 있고, 결과는 즉시 화면에 반영된다. 사용자는 결과를 보고 추가로 오류가 생기는 변환은 다시 되돌릴 수도 있다.

다른 접근 방법으로는 SQL과 같은 선언형 언어를 개발하는 방법이 두드러진다. SQL을 활용한 데이터 전처리는 관계형 데이터베이스 기반의 데이터를 대상으로 매우 효과적이다. 또한, 특별한 도구(tool) 없이도 적용 가능하다. 이 책에서도 회귀분석과 같은 일부 통계적 분석기법을 제외하면 많은 전처리 기법을 SQL을 통해서 구현이 가능함을 보여주고 있다.

연습문제

1) 다음은 서울시 아파트단지별 관리비 정보이다. 표상에 나타난 결측 속성 값(총공용관리비용, 총세대사용비용, 총장기구선충당금)을 채우시오.

⊙ 데이터 원본: (연습2-1)서울시아파트관리비정보.xlsx
⊙ 원본 투플 수: 111개

단지 명	년	월	총공용관리비용	총세대사용비용	총장기구선충당금
개포우성9차	2014	6	31,093,597	20,222,590	3,675,900
개포우성9차	2014	5	30,249,840	19,212,810	3,675,900
개포우성9차	2014	4	26,256,330	29,810,000	3,675,900
개포우성9차	2014	3	29,351,185	35,986,240	3,675,900
개포현대3차	2015	9	44,356,086	18,932,950	6,757,560
개포주공7단지	2015	9	116,398,370	58,013,730	9,171,050
개포주공3단지	2015	9	61,083,000		372,000
개포주공4단지	2015	8	96,033,080		
개포주공7단지	2015	8	104,489,670	49,358,300	9,171,050
개포주공3단지	2015	8	32,953,800		372,000
개포현대3차	2015	7	45,746,367	23,308,910	6,757,560
개포주공7단지	2015	7	105,618,070	54,129,240	9,171,050

* 출처: 서울시 열린 데이터 광장(data.seoul.go.kr)

2) 1번 문제에서 결측값을 채운 후에 총공용관리비용 속성은 구간화(Binning) 기법으로 평활화시키고, 총세대사용비용 속성은 총공용관리비용 속성과의 회귀(regression) 분석을 통하여 평활화시키시오.

제 3 장

데이터 통합

데이터 통합(data Integration)은 여러 데이터 저장소로부터 온 데이터들의 합병을 의미한다. 데이터웨어하우스(data warehouse)나 데이터마이닝과 같은 데이터 분석 작업은 다수의 데이터 원천으로부터 데이터를 하나의 통일된 데이터 저장소로 결합시키는 데이터 통합 작업을 필요로 한다. 데이터 원천은 데이터베이스나 데이터 큐브, 플랫 파일(flat file) 등 다양한 형태로 존재한다. 이제부터 데이터 통합에서 고려해야 할 몇 가지 사항에 대하여 살펴보도록 한다.

3.1

개체의 식별

여러 데이터 원천들로부터 데이터를 통합할 때, 동일한 의미의 개체들이 서로 다르게 표현되어 있다면 이들을 어떻게 일치시킬 수 있을까? 이런 문제를 개체 식별 문제(Entity Identification Problem)라고 한다. 예를 들어서 customer_id라는 필드가 어떤 데이터베이스에 있고, 또 다른 데이터베이스에 cust_number가 있다고 가정해보자. 과연 데이터 분석가나 컴퓨터는 어떻게 이것들을 같다고 확신할 수 있을까?

이러한 문제의 해결을 위해서는 메타데이터의 활용이 중요하다. 주지하다시피, 각 속성의 메타데이터는 이름과 의미, 데이터 타입, 허용되는 값의 범위, 무규칙(null rule) 등을 포함하고 있다. 이러한 메타데이터는 스키마 통합 과정에서 오류를 피하는 데 도움을 준다. 예를 들어, A 데이터베이스 customer 테이블의 customer_id가 있고, B 데이터베이스 cust 테이블의 cust_id가 있다고 가정해보자. customer_id는 customer 테이블의 PK(Primary Key, 기본 키)이고 cust_number는 cust 테이블의 PK이며, 두 속성 다 동일한 데이터 타입과 도메인을 가지고 있다고 한다면, 두 속성은 이름을 다르지만 동일한 속성으로 판단할 수 있다. 즉, 데이터 통합 시 하나의 일원화된 속성으로 정의가 가능하고 customer 테이블과 cust 테이블 간의 투플 연계도 가능하다. 다만, 한 데이터베이스의 어떤 속성을 다른 데이터베이스의 속성과 매칭하여 통합할 때, 속성의 데이터 타입이나 도메인 뿐만 아니라 기본 키 여부, 참조 무결성(외래키) 관계[1], 함수적 종속 관계[2] 등을 종합적으로 고려하여 속성의 동일성 여부를 판단해야 한다.

또한, 메타데이터는 데이터를 변환하는 데 도움을 줄 수도 있다. 예를 들어, A 데이터베이스에서는 성별에 대한 데이터 코드가 'M', 'F'이고, B 데이터베이스에서는 '1', '2'가 될 수 있다. 이러한 코드 표현의 차이는 데이터 통합 과정에서 최소 어느 한 쪽 DB에 대한 데이터 변환을 필요로 한다.

---

1 참조 무결성(referential constraint): 참조하는 테이블의 외래 키(foreign key)의 속성 값은 반드시 참조하는 테이블의 기본 키(primary key) 속성 값 중 하나여야 한다.

2 함수적 종속 관계(functional dependancy): 속성 X, Y에 대하여, x1(∈X) = x2(∈X)이면, y1(∈Y) = y2(∈Y)임을 보장할 때 속성 Y는 속성 X에 함수적으로 종속되어 있다고 하며, X → Y로 표기한다. 이때 X를 결정자(determinant), Y를 의존자(dependent)라고 한다.

3.2 중복

중복(Redundancy)은 데이터 통합에 있어서 또 다른 중요한 사항이다. 어떤 속성은 다른 속성이나 속성의 집합으로부터 유도될 수 있다. 이러한 속성을 유도 속성(derived attribute)이라고 한다. 예를 들어, 연령 속성을 생년월일 속성으로부터 값을 유도할 수 있기 때문에 연령 속성은 생년월일 속성의 유도 속성이다. 연간 소득 속성은 월 소득 속성의 유도 속성이며, 총점 속성은 각 과목 점수 속성 집합의 유도 속성이다. 유도 속성은 일반적으로 데이터베이스 조회 성능을 높이기 위해 반정규화[3] 과정에서 정의된다. 유도 속성은 성능 향상에 도움이 되지만, 데이터 중복을 허용하는 과정으로 데이터 불일치 문제를 야기할 수 있다. 예를 들어, 월 소득 속성 값이 100만 원인데 연소득 속성 값이 1000만 원이라면 적어도 둘 중 하나의 속성 값에는 오류가 존재한다는 의미이다.

---

3 반정규화(de-normalization): 정규화(normalization)의 반대 개념으로 유도 속성의 정의, 릴레이션의 수직/수평 분할 등이 있다. 일반적으로 정규화가 데이터 중복을 제거하는 과정이라면, 반정규화는 성능 향상을 위해 데이터 중복을 허용하는 과정으로 볼 수 있다.

또한, 정규화되지 않은 테이블을 사용하는 것도 데이터 중복의 또 다른 원인이 된다. 예를 들어, 일부러 정규화를 진행하지 않은 채 테이블을 사용하는 경우가 있다. 이는 조인을 피함으로써 성능을 향상시키기 위해 종종 사용되는데, 이러한 테이블 구조는 데이터 중복으로 인한 데이터 일관성 저해의 문제를 일으킬 수 있다. 이름과 주소 정보를 키로 하여 구매자의 주문을 저장하는 데이터베이스를 예로 들어보자. 이 데이터베이스에서 같은 이름에 다른 주소를 갖는 경우에 대해 데이터 불일치가 발생할 수도 있다. 정규화 관점에서 보면, 구매자 주소는 구매자의 구매 품목과는 별개의 테이블에 저장되어야 한다. 구매 테이블의 키가 '구매자 번호 + 구매 일시'라고 가정할 때, 주소는 키에 부분 함수적 종속관계[4]에 있으므로 제2정규화 원칙에 따라 구매자 번호와 함께 별도의 테이블로 분리 설계되어야 한다. 그러나 조회 성능 향상을 위해 테이블을 분리하지 않았을 때에는 같은 구매자 번호에 대해 다른 주소가 존재할 가능성은 언제든 있다. 이러한 문제의 해결은 데이터 정제의 영역으로 어떠한 절대적인 해결책이 있다기보다는 데이터 정제 시 가장 데이터 정확성을 높이는 방향으로 정제 룰(cleansing rule)을 정의하여 일괄 적용할 수밖에 없는 것이다. 이러한 점 때문에 데이터 전처리는 데이터 정확성(품질)을 높이기 위해 과정에서의 전략적 의사결정이 중요한 것이다.

4 부분 함수적 종속 관계(partial functional dependancy): 함수적 종속관계에서 결정자가 복합 속성일 경우에 결정자를 구성하는 일부 속성으로만 의존자와의 함수적 종속관계가 성립할 때, 부분 함수적 종속관계에 있다고 한다.

3.3
상관분석

어떤 중복들은 상관분석을 통해 탐지할 수 있다. 두 속성 간에 엄격한 함수적 종속관계가 성립하지는 않지만, 상관분석을 통해서 한 속성이 다른 속성을 얼마나 강하게 암시하는지를 사용 가능한 데이터를 토대로 측정할 수 있다. 두 속성 간에 상관도가 높다면 두 속성을 중복으로 보고 그중 하나의 속성을 제거할 수 있다. 두 속성 간 상관도는 데이터 타입에 따라 다르게 구할 수 있다.

3.3.1 수치형 데이터: 상관계수

수치 속성에 대하여 속성 A와 B의 상관계수(correlation coefficient)는 다음과 같이 측정될 수 있다.

$$r_{A,B} = \frac{\sum_{i=1}^{N}(a_i - \overline{A})(b_i - \overline{B})}{N\sigma_A\sigma_B} = \frac{\sum_{i=1}^{N}(a_ib_i) - N\overline{A}\,\overline{B}}{N\sigma_A\sigma_B} \quad \text{(식 3.1)}$$

- N : 투플의 개수
- a_i, b_i : 투플 i에서의 속성 A, B의 값
- $\overline{A}$, $\overline{B}$: 속성 A, B의 평균값
- σ_A, σ_B : 속성 A, B의 표준편차

상관계수 결과 값의 범위는 –1에서 +1 사이를 만족한다.($-1 \leq r_{A,B} \leq +1$) 상관계수 $r_{A,B}$의 해석은 다음과 같다

- $r_{A,B} \geq 0$

속성 A, B는 양의 상관관계(positivcly correlated)를 가진다. 즉, B 값이 증가함에 따라 A의 값이 증가한다.

- $r_{A,B} \leq 0$

속성 A, B는 음의 상관관계(negatively correlated)를 가진다. 즉, B 값이 증가함에 따라 A의 값은 감소한다.

- $r_{A,B} = 0$

속성 A, B는 독립적이며 둘 사이에 상관관계가 없다.

그리고 상관계수 $r_{A,B}$의 절댓값이 클수록 더 강한 상관성이 있다는 의미이다. 일반적으로 두 속성 간 상관성이 클수록 중복 속성으로 판단해서 하나의 속성을 분석 대상에서 배제해도 분석 결과에 큰 영향을 주지 않음을 의미한다. 다만, 상관관계가 인과관계를 직접 의미하는 것은 아니다. 예를 들어, 인구통계 데이터베이스 분석에서 어떤 지역의 병원 수와 자동

차 수 사이에 상관관계를 발견한다 하더라도 병원 수와 자동차 수 사이에 어떤 인과관계가 존재한다기보다는 두 속성 다 인구수에 대한 인과관계로 보는 것이 타당하다. 이는 상관분석상 강한 상관관계를 나타낸다고 하더라도 중복 속성 여부를 판단할 때는 해당 분야 도메인 지식(knowledge)을 충분히 고려해서 최종 판단하는 것이 바람직함을 보여준다.

실무 예제 3-1 다음은 2013년 전국 주요 지점별 유동 인구수 현황의 일부이다. 남자 20대 vs. 여자 20대, 남자 10대 vs. 여자 50대의 상관계수를 구하여 비교하고, 중복 속성으로 판단할 수 있을지 검토해보시오.

⦿ 데이터 파일: ch3-1(유동 인구수).csv

⦿ 원본 투플 수: 23,221개

조사일자	시간대	X좌표	Y좌표	행정구역명	남자 10대	남자 20대	남자 30대	남자 40대	남자 50대	여자 10대	여자 20대	여자 30대	여자 40대	여자 50대
2010-06-21	12시~13시까지	343,099.00	417,482.00	대전광역시 서구 월평동	2	24	68	50	31	4	37	64	44	26
2010-06-21	19시~20시까지	343,099.00	417,482.00	대전광역시 서구 월평동	19	44	28	33	21	14	56	49	43	18
2010-06-20	12시~13시까지	343,099.00	417,482.00	대전광역시 서구 월평동	13	33	34	61	55	13	32	29	28	12
2010-06-20	19시~20시까지	343,099.00	417,482.00	대전광역시 서구 월평동	23	33	32	547	129	12	39	13	46	4
2010-06-21	12시~13시까지	343,121.00	417,343.00	대전광역시 서구 월평동	0	9	27	21	6	5	24	20	10	6

* 출처: 공공 데이터 포털(www.data.go.kr)

```
# ch3-1.py
import pandas as pd
import numpy as np

# matplotlib: 자료를 차트(chart)나 플롯(plot)으로 시각화
(visulaization)하는 패키지
# pyplot: matlab이라는 수치해석 소프트웨어의 시각화 명령을 거의 그대로
사용할 수 있도록 Matplotlib의 하위 API를 포장(wrapping)한 명령어
집합을 제공
import matplotlib.pyplot as plt

# 데이터 로드(ch3-1.csv: 데이터 원본 파일)
# encoding: 윈도우즈 환경에서의 한글 처리
# engine: python 3.6에서 한글이 포함된 파일 이름 사용
rawData = pd.read_csv('chap3/ch3-1(유동인구수).csv', encoding=
'CP949', engine= 'python')

# 상관계수 분석(남자20대 vs. 여자20대)
corr = np.corrcoef(rawData['남자20대'], rawData['여자20대'])
print("-- 상관계수(남자20대 vs. 여자20대) --")
print(corr)

plt.figure(figsize  = (8,6))  # 차트 사이즈 설정 (inch 단위)

# scatter(): 산점도(scatter plot)를 그려주는 함수
plt.scatter(rawData['남자20대'], rawData['여자20대'])
```

```
plt.show()  # 차트 보여주기

# 상관계수 분석 (남자10대 vs. 여자50대)
corr = np.corrcoef(rawData['남자10대'], rawData['여자50대'])
print("-- 상관계수(남자10대 vs. 여자50대) --")
print(corr)

plt.figure(figsize  = (8,6))
plt.scatter(rawData['남자10대'], rawData['여자50대'])
plt.show()
```

◘ np.corrcoef()는 인수로 사용된 두 속성 간의 상관계수를 구하는 numpy 패키지 함수이다. figure()는 차트 환경을 설정하는 matplotlib.pyplot 패키지 함수이다. scatter()는 산점도 차트를 그리는 함수이며, show()를 통해 화면에 출력된다.

결과

상관계수(남자20대 vs. 여자20대)

```
[[1.          0.84727982]
 [0.84727982 1.        ]]
```

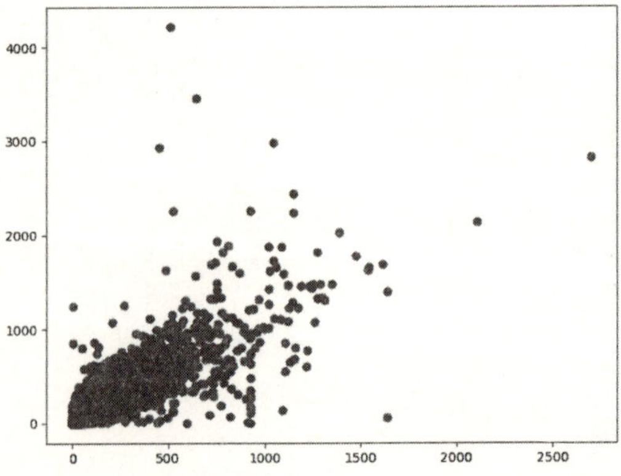

상관계수(남자10대 vs. 여자50대)

```
[[1.         0.26322329]
 [0.26322329 1.        ]]
```

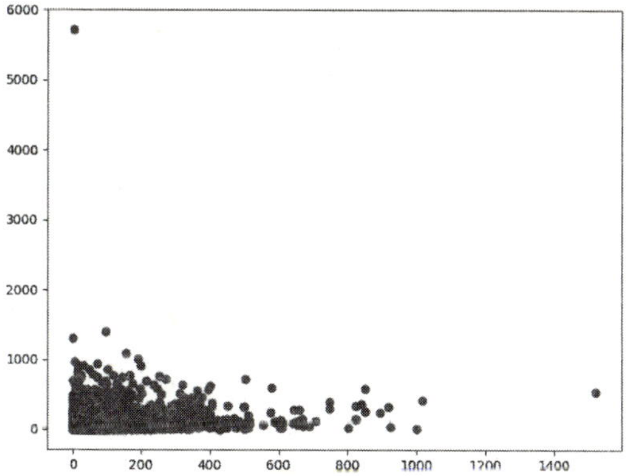

◘ 남자 20대와 여자 20대의 상관계수는 0.84 이상으로 두 속성 사이에는 강한 양의 상관관계가 존재한다. 반면, 남자 10대와 여자 50대의 상관계수는 0.26 정도로 두 속성 사이의 상관관계는 약한 양의 상관관계로 볼 수 있다. 결론적으로 위 분석 결과상으로는 남자 20대와 여자 20대를 중복 속성으로 판단하여 하나의 속성을 분석 대상에서 제외해도 전체적인 분석 결과에는 큰 영향을 미치지 않을 것으로 추정할 수 있다.

3.3.2 범주형(이산형) 데이터 : 카이제곱 검정

범주형(이산형) 데이터인 경우, 속성 A와 B 사이의 상관관계는 피어슨(Pearson)의 카이제곱(χ^2)검정에 의해 측정될 수 있다. 속성 A가 c개의 범주 값 $a_1, a_2, ..., a_c$를 취하고, 속성 B는 r개의 범주 값 $b_1, b_2, ..., b_r$을 취한다고 가정하자. 그러면, 속성 A와 B에 의해 구성되는 투플은 c개의 열과 r개의 행으로 구성되는 분할표로 표현될 수 있다. (A_i, B_j)를 속성 A가 a_i를 취하고 속성 B가 b_j를 취하는 투플이라고 할 때, χ^2은 다음과 같이 정의된다.

$$\chi^2 = \sum_{i=1}^{c} \sum_{j=1}^{r} = \frac{(o_{ij} - e_{ij})^2}{e_{ij}} \qquad \text{(식 3.2)}$$

- o_{ij} : (A_i, B_j)에 대한 관측도수(observed frequency; 실제로 존재하는 (A_i, B_j) 투플 수)
- e_{ij} : (A_i, B_j)에 대한 기대도수(expected frequency; 확률적으로 기대되는 (A_i, B_j) 투플 수)

e_{ij}는 다음과 같이 계산된다.

$$e_{ij} = \frac{count(A = a_i) \times count(B = b_j)}{N} \qquad \text{(식 3.3)}$$

- N : 데이터 투플 수
- $count(A = a_i)$: 속성 A에 대하여 a_i를 갖는 투플 수
- $count(B = b_i)$: 속성 B에 대하여 b_j를 갖는 투플 수

(식 3.2)에서의 합계는 분할표상의 $r \times c$ 개의 모든 셀에 대하여 계산된다. 따라서 χ^2 값에 가장 크게 기여하는 칸은 실제 관측도수와 기대도수의 차이가 매우 큰 셀이다.

이러한 χ^2 통계량은 속성 A와 B가 독립이라는 가설을 검증한다. 이 검정은 자유도 $(r-1) \times (c-1)$을 갖는 유의수준에 근거하여 검정한다.

예제 3.1 **카이제곱 통계량을 이용한 범주형 속성에 대한 상관분석**

어떤 설문조사에서 1,500명의 사람들을 대상으로 각 사람에 대한 성별과 선호 글의 픽션 여부 간의 상관관계를 분석하고자 한다. 성별 속성값은 'male', 'female'이 있고, 픽션 여부 속성값은 'fiction'과 'non-fiction'이 있다. 성별 속성값 분포는 male:female=300:1,200이고 픽션 여부 속성값 분포는 fiction:non-fiction=450:1,050이다. 이들 속성의 조합에 대한 관측도수를 기록한 2×2 분할표는 [표 3.1]과 같다.

	male	female	Total
fiction	250	200	450
non–fiction	50	1000	1050
Total	300	1200	1500

[표 3.1] 관측도수 분할표

[표 3.1]의 각 셀에 대한 기대도수는 (식 3.3)에 의해 구할 수 있다. 예를 들어, 셀(female, fiction)의 기대도수는 e_{12}는 다음과 같다.

$$e_{12} = \frac{count(femal) \times count(fiction)}{N} = \frac{1200 \times 450}{1500} = 360$$

이와 같은 방식으로 다른 셀에 대한 기대도수를 구하면 [표 3.2]와 같은 기대도수 분할표를 얻는다.

	male	female	Total
fiction	90	360	450
non-fiction	210	840	1050
Total	300	1200	1500

[표 3.2] **기대도수 분할표**

이제 (식 3.2)에 의해서 χ^2 통계량을 구하면 다음과 같다.

$$\chi^2 = \frac{(250-90)^2}{90} + \frac{(50-210)^2}{210} + \frac{(200-360)^2}{360} + \frac{(1000-840)^2}{840}$$

$$= 284.44 + 121.90 + 71.11 + 30.48 = 507.93$$

χ^2 통계량을 산출하였으므로 카이제곱 검정 방식에 의해 유의수준 0.05 수준에서의 두 속성 사이에 연관성이 있다라는 가설을 검증해 보자. 본 예제에서의 자유도는 (2−1)×(2−1)=1이 된다. 자유도 1일 때, χ^2 통계량(507.93)에 대한 유의확률(p-value)은 2.2e−16이다(이 수치는 자유도 1일 때의 카이제곱분포로 획득 가능함). 이는 유의수준 0.05보다 훨씬 작은 값으로서 대립가설(두 속성은 연관성이 있다)[5]은 채택된다. 자유도 1일 때, 유의수준 0.05로 대립가설을 기각하는 데 필요한 값은 3.842로서 이 값보다 작아야 가설이 기각되는데, χ^2 통계량은 507.93으로 3.842에 비해 매우 크므로 가설은 채택되고, 실제 두 속성 사이에는 강한 연관성이 있다고 결론지을 수 있다.

5 상관분석 검정의 가설은 크게 귀무가설(두 속성은 연관성이 없다)과 대립가설(두 속성은 연관성이 있다)로 나누어진다.

실무 예제 3-2

다음은 2013년 전라남도 유망중소기업 지정업체 명단의 일부이다. 시군 속성과 지정구분 속성 간의 연관성 여부를 카이제곱 검정 방법에 의해 판단해보시오(단, 유의수준은 0.05이다).

⊙ 데이터 파일: ch3-2(유망중소기업현황).csv

⊙ 원본 투플 수: 386개

연번	시군	지정구분	기업명	대표자	소 재 지	주생산품	전화번호 (061)	비고 (지정번호)
1	목포시	기술유망	브로드컴㈜	이봉헌	목포시 석현동 1175(벤처지원 202)	정보통신	284-0017	11-1
2	목포시	기술유망	㈜케이에스	김시오	목포시 연산동1236-3	용접철망외	1588-4118	11-2
3	목포시	기술유망	삼진물산(주)	김관석	목포시 연산동 1239-1	참치통조림	270-6113	11-3
4	목포시	기술유망	㈜혜성	전재두	목포시 연산동1237-3	가드레일외	1588-2811	11-4
5	목포시	기술유망	(유)한국메이드	이승룡	목포시 연산동 1238-4	선박블록	278-4411	11-5
6	목포시	수출유망	환길산업	박승남	목포시 산정동 1780-1	해초류	272-7147	11-6

* 출처: 공공 데이터 포털(www.data.go.kr)

```
# ch3-2.py
import pandas as pd
import numpy as np
import cx_Oracle   # Oracle DB 연동을 위한 cx_Oracle 패키지 임포트

# 데이터 로드(ch3-2.csv: 데이터 원본 파일)
# encoding: 윈도우즈 환경에서의 한글 처리
# engine: python 3.6에서 한글이 포함된 파일이름 사용
rawData_org = pd.read_csv('chap3/ch3-2(유망중소기업현황).csv',
encoding='CP949', engine='python')

# 원본 데이터 파일에서 '시군'과 '지정구분' 속성만 추출
rawData = rawData_org.loc[:, '시군':'지정구분']

# Oracle DB 연결
# 접속 정보(connection string): ID/PASS@CONNECTION_ALIAS
# CONNECTION_ALIAS : Oracle TNSNAMES.ORA 파일에 있는 접속 정보
별칭(ALIAS)
conn_ora = cx_Oracle.connect("prep1/prep1@XE")

# DB 커서(Cursor) 선언
cur = conn_ora.cursor()

# 사용할 Oracle 소스 테이블 명 지정
src_table = "d_base3_2"
```

```
# 데이터 프레임(rawData)에 저장된 데이터를 Oracle 테이블(d_base3_2)에 
입력하기 위한 로직
# d_base3_2 테이블 존재하는지 체크하는 함수
def table_exists(name=None, con=None):
    sql = "select table_name from user_tables where table_
    name='MYTABLE'".replace('MYTABLE', name.upper())
    df = pd.read_sql(sql, con)

    # 테이블이 존재하면 True, 그렇지 않으면 False 반환
    exists = True if len(df) > 0 else False
    return exists

# 테이블(d_base3_2) 생성(테이블이 이미 존재한다면 TRUNCATE TABLE)
if table_exists(src_table, conn_ora):
    cur.execute("TRUNCATE TABLE " + src_table)
else:
    cur.execute("create table " + src_table + " ( \
                시군 varchar2(10), \
                지정구분 varchar2(20))")

# Sequence 구조를 Dictionary 구조(element, value)로 변환하는 함수
# 예: ("Matt", 1) -> {'1':'Matt', '2':1}
# INSERT INTO ... VALUES (:1, :2, ...)에서 바인드 변수 값을 주기
위해 Dictionary item 구조 사용
def convertSequenceToDict(list):
    dict = {}
    argList = range(1, len(list) + 1)
    for k, v in zip(argList, list):
        dict[str(k)] = v
    return dict

# 데이터 프레임에 저장된 데이터를 Oracle 테이블로 입력(insert)
cols = [k for k in rawData.dtypes.index]
colnames = ','.join(cols)
colpos = ', '.join([':' + str(i + 1) for i, f in
enumerate(cols)])
insert_sql = 'INSERT INTO %s (%s) VALUES (%s)' % (src_table,
colnames, colpos)

# INSERT INTO ... VALUES (:1, :2, ...)의 바인드 변수 값을 저장하는
Dictionary 구조 생성
```

```
data = [convertSequenceToDict(rec) for rec in rawData.
values]

# 바인드 변수와 Dictionary 데이터 구조를 활용하여 Bulk Insertion 구현
cur.executemany(insert_sql, data)
conn_ora.commit()

# 관측도수/기대도수 분할표 생성(1차원 배열 형식)
count_df = pd.read_sql("select a.시군 \
            , a.지정구분 \
            , nvl(b.관측도수,0) 관측도수/*관측되지 않은
              (시군+지정구분)은 0으로 처리*/ \
            , a.기대도수_시군 * a.기대도수_지정구분 / a.기대도수_전체
              기대도수 \
          from ( \
                 select x.시군, y.지정구분 \
                      , x.기대도수_시군 \
                      , y.기대도수_지정구분 \
                      , x.기대도수_전체 \
                 from ( select 시군 \
                             , count(*) 기대도수_시군 /* 시군 속성의
                               cardinality */ \
                             , sum(count(*)) over () 기대도수_
                               전체 /* 전체 행 개수 */ \
                        from " + src_table + " \
                        group by 시군 ) x, \
               ( select 지정구분 \
                      , count(*) 기대도수_지정구분 /* 지정구분
                        속성의 cardinality */ \
                 from " + src_table + " \
                 group by 지정구분 ) y ) a, \
                 ( select 시군 \
                        , 지정구분 \
                        , count(*) 관측도수 /* 시군, 지정구분 별
                          실제 행 개수 */ \
                   from " + src_table + " \
                   group by 시군, 지정구분 ) b \
           where a.시군 = b.시군(+) /* 특정 (시군+지정구분) 값은
                                      존재하지 않을 수 \
                                      있어서 외부조인으로 처리
                                      */ \
```

```
                        and a.지정구분 = b.지정구분(+)", con=conn_ora)

# 관측도수/기대도수 분할표 출력
print(count_df)

# 2개 속성에 대한 자유도(degree of freedom) 갭 구하기
# A 속성에 대한 cardinality = a, B 속성에 대한 cardinality = b라
가정
# cardinality: 서로 다른 속성 값의 개수
# 분할표 전체 행 개수(a*b) 구하기
tot_rows = count_df.shape[0]

# A 속성의 cardianlity(a)와 B 속성의 cardinality(b) 구하기
count_df2 = pd.read_sql("select count(distinct 시군) 도수_시군 \
                                , count(distinct 지정구분) 도수_
                                  지정구분\
                           from " + src_table , con=conn_ora)

# cardinality 갭 [(a*b-1) - (a-1)*(b-1)] 구하기
v_ddof = (tot_rows - 1) - (count_df2['도수_시군']-1)*(count_
df2['도수_지정구분']-1)

obs_array = count_df['관측도수'] # obs_array: 관측도수를 저장하는
1차원 배열
exp_array = count_df['기대도수'] # exp_array: 기대도수를 저장하는
1차원 배열

# 카이제곱검정을 위한 scipy 패키지 중 stats 모듈 임포트
from scipy import stats

# stats.chisquare(): 카이제곱검정 함수
chis = stats.chisquare(obs_array, exp_array, ddof=v_ddof)

# stats.chisquare() 수행 후의 카이제곱 통계량과 p-value
print("statistic = %.3f, p-value = %.5f" % (chis))

cur.close()   # 커서(cursor) 종료
conn_ora.close()  # Oracle connection 종료
```

◘ 파이썬에서 카이제곱검정에 사용하는 함수는 scipy.stats 패키지의 chisquare()이다. chisquare() 함수는 첫 번째 파라미터로 관측도수와 두 번째 파라미터로 기대도수를 일차원 배열 형태로 각각 받아서 카이제곱($\chi 2$) 통계량을 산출한다. '시군' 속성 '지정구분' 속성에 대한 관측도수와 기대도수를 구하기

위해서 Oracle SQL을 활용하였다. '시군'과 '지정구분' 속성 값의 조합에 대한 실제 출현 횟수를 구하여 관측도수로 삼고 기대도수는 전체 행의 개수와 각 속성의 카디널리티(cardinality, 서로 다른 속성 값의 개수)를 구하여 산출하였다. 실제 출현하지 않은 (시군+지정구분) 속성 값도 포함시키기 위해서 외부 조인(outer join)을 수행하였다. chisquare()의 세 번째 파라미터인 ddof는 자유도 갭(delta degree of freedom)이다. 이는 자유도를 맞추기 위해서 사용되는데, 본 예제의 경우 '시군' 속성의 카디널리티는 22이고 '지정 구분' 속성의 카디널리티는 3이다. 그래서 (시군+지정구분) 속성 조합의 카디널리티는 22×3=66으로 자유도는 (66−1)=65로 지정된다. 그러나 실제 자유도는 (22−1)×(3−1)=42이다. 차이(delta) 값이 (65−42)=23이다. 이럴 경우, ddof를 23으로 지정해서 chisquare()를 수행하면, 자유도 42에 해당되는 p-value를 구하게 된다.

결과

	시군	지정구분	관측도수	기대도수
0	목포시	기술유망	14	13.056995
1	나주시	수출유망	3	5.531088
2	보성군	수출유망	3	1.896373
3	보성군	지역특화	3	2.269430
4	해남군	지역특화	2	1.323834
5	무안군	수출유망	3	2.686528
...	...	...	...	...
61	신안군	지역특화	0	0.189119
62	고흥군	지역특화	0	1.134715
63	신안군	수출유망	0	0.158031
64	곡성군	지역특화	0	1.134715
65	진도군	기술유망	0	1.305699

...

[66 rows x 4 columns]
statistic = 54.544, p-value = 0.09287

◘ stats.chisquare() 적용 결과, 카이제곱 통계량은 54.544, 자유도는 42, 유의확률은 0.09287을 각각 얻었다. 자유도는 시군 개수 22개, 지정 구분 3개로부터 (22−1)×(3−1)=42로부터 나온 결과이다. 유의확률(p-value)은 0.09287로 유의수준 0.05로 설정한다면, 귀무가설(두 속성은 연관성이 없다)이 채택된다. 결론적으로, 시군과 지정 구분 사이에 큰 연관성은 없는 것으로 판단할 수 있다.[6]

6 유의수준에 따라 귀무가설과 대립가설 중 어느 쪽이 선택될지 달라질 수 있다. 이 경우는 유의수준을 5%에서 10%로 상향시키면 대립가설(연관성이 있음)이 채택될 것이다. 그러나 p-value 수치상 강한 연관성이 있다고 주장하기는 힘들 것이다.

3.3.3 데이터 값 충돌의 탐지와 해결

서로 다른 데이터 원천으로부터 온 데이터들의 통합 시에는 동일한 개체에 대해서도 속성 값들이 서로 다를 수 있다. 원인은 다양하다. 표현(representation), 척도(scaling), 부호화(encoding) 등의 차이 등이 그것이다. 거리를 나타내는 속성을 예로 들면, 한쪽 DB에서는 미터(meter) 단위로 다른 쪽 DB에서는 마일(mile) 단위로 저장되어 있을 수 있다. 데이터 레벨의 차이가 있을 수도 있다. 학생 성적에 관련된 데이터에 대하여 한쪽 DB에서는 학생의 과목별 점수가 저장되어 있고, 다른 쪽 DB에서는 총점과 평균만 저장되어 있을 수 있다. 동일한 개체의 동일한 값이 데이터 원천에 따라 다르게 표현되어 있는 이러한 경우에는 데이터 통합 시 기준을 정해서 그 기준에 따라 데이터 값을 변환시켜 통합시키는 것이 필요할 것이다.

통합 과정에서 한쪽 DB에서 다른 쪽 DB로 속성을 일치시킬 때에 데이터 구조에도 특별한 주의를 기울여야 한다. 원천 시스템의 기능적 종속성과 제약사항들이 목표 통합 시스템의 그것들과 일치하도록 해야 한다. 예를 들어, 한 시스템에서는 할인이 총 주문금액에 적용되는 반면 다른 시스템에서는 주문을 구성하는 개별 항목에 적용될 수 있다. 이러한 점들을 통합 이전에 확인하고 적절한 기준을 정하여 통합된 후에도 관련 규칙(rule)들이 적용될 수 있도록 해야 한다.

데이터의 의미적 이질성과 데이터 구조는 데이터 통합에 여러 가지 난제를 던져준다. 데이터 통합 시 이러한 난제들은 여러 가지 유형으로 나타날 수 있으며, 해결책 또한 문제 유형만큼 다양할 수 있다. 통합 시 발생하는 문제들 각각을 신중하게 해결하는 것은 통합 데이터에서 발생할 수 있는 중복과 불일치의 문제를 최소화시키는 데 도움을 줄 뿐만 아니라 순차적 마이닝 절차의 정확성과 속도를 개선시켜주는 데에도 도움이 될 것이다.

연습문제

1) 다음은 서울메트로 동대문역 기준 시간대별 승하차 인원 현황이다. 승차와 하차를 구분하여 비슷한 패턴을 보이는 시간대를 찾아보고 속성 통합 가능 여부를 판단해 보시오.

⊙ 데이터 원본: (연습3–1)동대문역시간대별승하차인원현황.xlsx

⊙ 원본 투플 수: 702개

연번	시군	지정구분	기업명	대표자	소 재 지	주생산품	전화번호 (061)	비고 (지정번호)
1	목포시	기술유망	브로드컴㈜	이봉헌	목포시 석현동 1175(벤처지원 202)	정보통신	284-0017	11-1
2	목포시	기술유망	㈜케이에스	김시오	목포시 연산동1236-3	용접철망외	1588-4118	11-2
3	목포시	기술유망	삼진물산(주)	김관석	목포시 연산동 1239-1	침치통조림	270-6113	11-3
4	목포시	기술유망	㈜혜성	전재두	목포시 연산동1237-3	가드레일외	1588-2811	11-4
5	목포시	기술유망	(유)한국메이드	이승룡	목포시 연산동 1238-4	선박블록	278-4411	11-5
6	목포시	수출유망	환길산업	박승남	목포시 산정동 1780-1	해초류	272-7147	11-6

* 출처: 서울시 열린 데이터 광장(data.seoul.go.kr)

2) 다음은 부산광역시 어린이집 현황의 일부이다. 어린이집유형 속성과 어린이집특성 속성 간의 연관성 여부를 카이제곱 검정 방법에 의해 판단해 보시오.

⊙ 데이터 원본: (연습3-2)부산시어린이집현황.csv

⊙ 원본 투플 수: 206개

No	어린이집유형	어린이집	어린이집특성	평가인증여부	정원	아동현원	보육교직원현원
1	민간	21세기어린이집	일반	Y	70	70	10
2	국공립	ymca어린이집	장애아통합	Y	60	60	11
3	가정	가람어린이집	일반	N	14	11	3
4	민간	가빈어린이집	일반	N	59	50	14
5	가정	거목어린이집	일반	Y	20	20	5
6	민간	건강한영아전담어린이집	영아전담	Y	32	32	10
7	민간	과학나라어린이집	일반	N	39	21	6
8	민간	구름나무어린이집	일반	N	32	29	7
9	법인 · 단체등	구포원광어린이집	일반	Y	49	45	7

* 출처 : 공공데이터포털(www.data.go.kr)

제 4 장

데이터 축소

방대한 양의 데이터를 대상으로 복잡하게 데이터를 분석하고 마이닝 기법을 적용한다면 매우 많은 시간이 소요되어 분석이 비현실적일 수 있다. 데이터 축소(data reduction) 전략에는 크게 차원적 축소(dimensionality reduction)와 수치적 축소(numerosity reduction)가 있다. 차원적 축소는 데이터 인코딩 스키마를 적용하여 압축되거나 축소된 표현의 제공을 의미한다. 수치적 축소는 모수적 모형(parametric model)[1]이나 비모수적 모형(non-parametric model)[2]을 사용한 데이터의 대체를 의미한다. 어떠한 데이터 축소 기법을 적용하든 대전제는 축소된 데이터 집합에 대한 데이터 분석 결과는 원본 데이터 집합에 대한 데이터 분석 결과와 거의 동일한 결과를 산출해야 한다는 것이다.

---

1 모수적 모형(parameteric model): 모수의 특성을 활용하는 모형으로 모집단이 정규분포를 띤다는 가정하에 표본 통계량으로 모집단 통계량을 추정한다.

2 비모수적 모형(nonparameteric model): 모수의 특성을 활용하지 않는 모형으로 군집화, 표본 추출, 히스토그램 등이 대표적인 예이다.

4.1

데이터 큐브 집계

데이터 큐브(data cube)는 데이터웨어하우스(DW)에서 나오는 용어로서 다차원의 집계 정보를 의미한다. 데이터 큐브를 구성하는 각 셀은 다차원 공간에서 데이터 포인트에 일치하는 집단화된 데이터(aggregated data)를 가지고 있다. 즉, 원천 데이터를 여러 관점에서의 추상화시켜 데이터 축소를 구현한다. [그림 4.1]은 연도별/지점별/품목별 데이터 큐브로서 오른쪽의 큐브는 왼쪽의 표에 대한 개념적인 모형이다.

연도	지점="명동지점"			지점="강남지점"			지점="잠실지점"		
	품목별 총판매금액			품목별 총판매금액			품목별 총판매금액		
	화장품	양주	컴퓨터	화장품	양주	컴퓨터	화장품	양주	컴퓨터
2002	100	150	500	200	250	1000	900	300	500
2001	120	100	400	140	200	600	600	290	450
2000	150	50	200	160	100	450	200	300	200

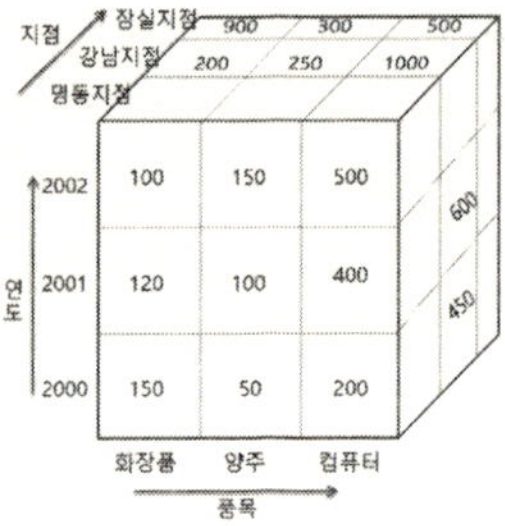

[그림 4.1] 데이터 큐브의 예

데이터 큐브는 추상화 레벨(단계) 또한 다양하게 가져갈 수 있다. 최하위 추상 레벨에서 만들어지는 큐브를 기본 큐보이드(base cuboid)라고 하고, 최상위 추상 레벨에서 만들어지는 큐브를 정점 큐보이드(apex cuboid)라고 한다. 데이터 큐브는 사전 계산(precomputed)되고, 요약된(summerized) 데이터에 신속히 접근할 수 있도록 하며, 그 때문에 데이터 마이닝과 같은 분석적 처리가 가능하다.

실무 예제 4-1

다음은 2015년 국내 대학 현황이다. 데이터 큐브 집계를 이용하여 학제별/지역별/설립별로 재학생 수 합계로 데이터를 축소시키시오.

⊙ 데이터 파일: ch4-1(국내대학현황).csv

⊙ 원본 투플 수: 1,930개

학제	학교명	지역	설립	재적학생수	재학생수	휴학생수	총장및전임교원수
전문대학	한국철도대학	경기	국립	180	134	46	
전문대학	강원도립대학	강원	공립	1658	900	758	31
전문대학	경남도립거창대학	경남	공립	1614	955	659	31
전문대학	경남도립남해대학	경남	공립	1639	846	793	25

* 출처: 공공 데이터 포털(www.data.go.kr)

```
# ch4-1.py
import pandas as pd
import numpy as np
import cx_Oracle   # Oracle DB 연동을 위한 cx_Oracle 패키지 임포트

# 데이터 로드(ch4-1.csv: 데이터 원본 파일)
# encoding: 윈도우즈 환경에서의 한글 처리
# engine: python 3.6에서 한글이 포함된 파일 이름 사용
rawData = pd.read_csv('chap4/ch4-1(국내대학현황).csv',
encoding='CP949', engine='python')

# Oracle DB 연결
# 접속 정보(connection string): ID/PASS@CONNECTION_ALIAS
# CONNECTION_ALIAS: Oracle TNSNAMES.ORA 파일에 있는 접속 정보 별칭
(ALIAS)
conn_ora = cx_Oracle.connect("prep1/prep1@XE")

# DB 커서(Cursor) 선언
cur = conn_ora.cursor()

# 사용할 Oracle 소스 테이블 명 지정
src_table = "d_base4_1"

# 데이터 프레임(rawData)에 저장된 데이터를 Oracle 테이블(d_base4_1)에
입력하기 위한 로직
# d_base4_1 테이블 존재하는지 체크하는 함수
```

```
def table_exists(name=None, con=None):
    sql = "select table_name from user_tables where table_
    name='MYTABLE'".replace('MYTABLE', name.upper())
    df = pd.read_sql(sql, con)

    # 테이블이 존재하면 True, 그렇지 않으면 False 반환
    exists = True if len(df) > 0 else False
    return exists

# 테이블(d_base4_1) 생성(테이블이 이미 존재한다면 TRUNCATE TABLE)
if table_exists(src_table, conn_ora):
    cur.execute("TRUNCATE TABLE " + src_table)
else:
    cur.execute("create table " + src_table + " ( \
                학제 varchar2(40), \
                학교명 varchar2(100), \
                지역 varchar2(10), \
                설립 varchar2(20), \
                재적학생수 number(8), \
                재학생수 number(8), \
                휴학생수 number(8), \
                총장및전임교원수 number(8))")

# Sequence 구조를 Dictionary 구조(element, value)로 변환하는 함수
# 예: ("Matt", 1) -> {'1':'Matt', '2':1}
# INSERT INTO ... VALUES (:1, :2, ...)에서 바인드 변수 값을 주기
위해 Dictionary item 구조 사용
def convertSequenceToDict(list):
    dict = {}
    argList = range(1, len(list) + 1)
    for k, v in zip(argList, list):
        if pd.isnull(v):
            dict[str(k)] = -1 # list 요소 값이 NULL이면 -1로
            assign
        else:
            dict[str(k)] = v
    return dict

# 데이터 프레임에 저장된 데이터를 Oracle 테이블로 입력(insert)
cols = [k for k in rawData.dtypes.index]
colnames = ','.join(cols)
```

```
colpos = ', '.join([':' + str(i + 1) for i, f in
enumerate(cols)])
insert_sql = 'INSERT INTO %s (%s) VALUES (%s)' % (src_table,
colnames, colpos)

# INSERT INTO ... VALUES (:1, :2, ...)의 바인드 변수 값을 저장하는
Dictionary 구조 생성
data = [convertSequenceToDict(rec) for rec in rawData.
values]

# 바인드 변수와 Dictionary 데이터 구조를 활용하여 Bulk Insertion 구현
cur.executemany(insert_sql, data)

# 컬럼 값이 -1이면, NULL 값으로 업데이트
cur.execute("update " + src_table +
          " set 재적학생수 = decode(재적학생수,-1,NULL,재적학생수) \
            , 재학생수 = decode(재학생수,-1,NULL,재학생수) \
            , 휴학생수 = decode(휴학생수,-1,NULL,휴학생수) \
            , 총장및전임교원수 = decode(총장및전임교원수,-1,NULL,
              총장및전임교원수) \
          where 재적학생수 = -1 OR 재학생수 = -1 OR 휴학생수 = -1
          OR 총장및전임교원수 = -1")

# csv 파일 데이터의 Oracle 테이블 입력 완료
conn_ora.commit()

# cube(), grouping() 함수를 이용한 데이터큐브 뷰(view) 생성
cur.execute("create or replace view v_base4_1 \
          as \
          select decode(grouping(지역), 1, '총계', 지역) 지역 \
              , decode(grouping(학제), 1, '총계', 학제) 학제 \
              , decode(grouping(설립), 1, '총계', 설립) 설립 \
              , sum(재학생수) 재학생수 \
          from " + src_table +
          " group by cube(지역, 학제, 설립)")
# (1) 지역/학제/설립별 재학생 수
result_df = pd.read_sql("select 지역, 학제, 설립, 재학생 수 \
                    from v_base4_1 \
                    where 지역 <> '총계' and 학제 <> '총계' and
                    설립 <> '총계'", con=conn_ora)
print("(1) 지역/학제/설립별 재학생 수")
```

```
print(result_df)

# (2) 지역/학제별 재학생 수(설립 집계 레벨)
result_df = pd.read_sql("select 지역, 학제, 재학생 수 \
                     from v_base4_1 \
                     where 지역 <> '총계' and 학제 <> '총계' and
                     설립 = '총계'", con=conn_ora)
print("(2) 지역/학제별 재학생 수(설립 집계 레벨)")
print(result_df)

# (3) 학제/설립별 재학생 수(지역 집계 레벨)
result_df = pd.read_sql("select 학제, 설립, 재학생수 \
                     from v_base4_1 \
                     where 지역 = '총계' and 학제 <> '총계' and
                     설립 <> '총계'", con=conn_ora)
print("(3) 학제/설립별 재학생 수(지역 집계 레벨)")
print(result_df)

# (4) 지역/설립별 재학생 수(학제 집계 레벨)
result_df = pd.read_sql("select 지역, 설립, 재학생수 \
                     from v_base4_1 \
                     where 지역 <> '총계' and 학제 = '총계' and
                     설립 <> '총계'", con=conn_ora)
print("(4) 지역/설립별 재학생 수(학제 집계 레벨)")
print(result_df)

# (5) 지역별 재학생 수(학제/설립 집계 레벨)
result_df = pd.read_sql("select 지역, 재학생수 \
                     from v_base4_1 \
                     where 지역 <> '총계' and 학제 = '총계' and
                     설립 = '총계'", con=conn_ora)
print("(5) 지역별 재학생 수(학제/설립 집계 레벨)")
print(result_df)

# (6) 학제별 재학생 수(지역/설립 집계 레벨)
result_df = pd.read_sql("select 학제, 재학생 수 \
                     from v_base4_1 \
                     where 지역 = '총계' and 학제 <> '총계' and
                     설립 = '총계'", con=conn_ora)
print("(6) 학제별 재학생 수(지역/설립 집계 레벨)")
print(result_df)
```

```
# (7) 설립별 재학생 수(지역/학제 집계 레벨)
result_df = pd.read_sql("select 설립, 재학생 수 \
                         from v_base4_1 \
                         where 지역 = '총계' and 학제 = '총계' and 
설립 <> '총계'", con=conn_ora)
print("(7) 설립별 재학생 수(지역/학제 집계 레벨)")
print(result_df)

# (8) 총 재학생 수(지역/학제/설립 집계 레벨)
result_df = pd.read_sql("select 재학생 수 \
                         from v_base4_1 \
                         where 지역 = '총계' and 학제 = '총계' and 
설립 = '총계'", con=conn_ora)
print("(8) 총 재학생 수(지역/학제/설립 집계 레벨)")
print(result_df)

cur.close()   # 커서(cursor) 종료
conn_ora.close()  # Oracle connection 종료
```

◘ 오라클의 cube() 함수를 이용하여 데이터 큐브를 뷰(view)로 만들었다. grouping(A) 함수는 속성 A가 집계된 결과이면 1을, 그렇지 않으면 0을 돌려주는 오라클 함수이다. 학제, 지역, 설립 등 세 가지 속성에 대한 3차원 큐브로서 총 여덟 가지의 집계 레벨이 도출된다. 데이터 큐브 뷰에 대하여 where 조건을 명시함으로서 여덟 가지의 각기 다른 차원의 집계 데이터를 얻을 수 있다. 이 코드를 작성하면서 숫자 형식 속성의 NULL 값 입력에 애를 먹었다. ' ' 또는 'NULL'은 모두 string으로 인식되면서 cur.executemany() 함수에서 TypeError를 일으킨 것이다. 이를 해결하기 위해서 csv 파일에서 숫자 형식 속성 값이 NULL이면, −1(도저히 있을 수 없는 속성 값 중 하나)로 치환하고, 추후 SQL Update문을 이용하여 −1 값은 NULL로 다시 업데이트하는 방법을 사용하였다.

결과

(1) 지역/학제/설립별 재학생 수

	지역	학제	설립	재학생수
0	강원	대학교	국립	30273.0
1	강원	대학교	사립	44387.0
2	강원	교육대학	국립	1395.0
3	강원	기능대학	사립	488.0
4	강원	전문대학	공립	900.0
5	강원	전문대학	사립	14136.0
6	강원	대학부설대학원	국립	3968.0
7	강원	대학부설대학원	사립	2070.0
8	강원	대학부설대학원	국립대법인	16.0
...	...	...	...	...

```
175  충북           교육대학     국립    1255.0
176  충북           기능대학     사립     766.0
177  충북           산업대학     국립     528.0
178  충북           전문대학     공립    1028.0
179  충북           전문대학     사립   14868.0
180  충북       각종대학(대학)    사립     300.0
181  충북       대학부설대학원    국립    7728.0
182  충북       대학부설대학원    사립    1824.0

[183 rows x 4 columns]
```

(2) 지역/학제별 재학생 수(설립 집계 레벨)

```
      지역       학제        재학생수
0     강원          대학교     74660.0
1     강원         교육대학     1395.0
2     강원         기능대학      488.0
3     강원         전문대학    15036.0
4     강원      대학부설대학원    6054.0
5     경기          대학교    174384.0
6     경기         교육대학     1303.0
7     경기         기능대학     2002.0
8     경기         산업대학     4981.0
..    ...          ...          ...
115   충남    사이버대학(대학)     2222.0
116   충북          대학교     74645.0
117   충북         교육대학     1255.0
118   충북         기능대학      766.0
119   충북         산업대학      528.0
120   충북         전문대학    15896.0
121   충북     각종대학(대학)      300.0
122   충북      대학부설대학원    9552.0

[123 rows x 3 columns]
```

(3) 학제/설립별 재학생 수(지역 집계 레벨)

```
        학제        설립      재학생수
0      대학교        공립        9510
1      대학교        국립      299708
2      대학교        사립     1173614
3      대학교    국립대법인      32550
```

4	대학교	특별법국립	569
5	대학교	특별법법인	4893
6	교육대학	국립	15525
7	기능대학	사립	17981
...	...	...	...
27	대학부설대학원	국립	70804
28	대학부설대학원	사립	184800
29	대학부설대학원	국립대법인	14301
30	대학부설대학원	특별법국립	104
31	대학부설대학원	특별법법인	8106
32	사이버대학(대학)	사립	94658
33	사이버대학(전문)	사립	5128

(4) 지역/설립별 재학생 수(학제 집계 레벨)

	지역	설립	재학생수
0	강원	공립	900.0
1	강원	국립	35636.0
2	강원	사립	61081.0
3	강원	국립대법인	16.0
4	경기	국립	8479.0
5	경기	사립	348163.0
6	경기	특별법법인	321.0
...	...	...	...
45	충남	국립	19396.0
46	충남	사립	142440.0
47	충남	특별법국립	673.0
48	충북	공립	1028.0
49	충북	국립	35625.0
50	충북	사립	66289.0

(5) 지역별 재학생 수(학제/설립 집계 레벨)

	지역	재학생수
0	강원	97633
1	경기	356963
2	경남	97953
3	경북	172855
4	광주	96208
...	...	...
13	전북	107048

```
14  제주      21442
15  충남     163630
16  충북     102942
```

(6) 학제별 재학생 수(지역/설립 집계 레벨)

	학제	재학생수
0	대학교	1520850
1	교육대학	15525
2	기능대학	17981
3	기술대학	112
4	산업대학	30344
5	전공대학	8562
6	전문대학	468590
7	대학원대학	8081
8	방송통신대학	134469
9	각종대학(대학)	2962
10	각종대학(전문)	9
11	사내대학(대학)	257
12	사내대학(전문)	371
13	원격대학(대학)	850
14	원격대학(전문)	2009
15	대학부설대학원	280794
16	사이버대학(대학)	94658
17	사이버대학(전문)	5128

(7) 설립별 재학생 수(지역/학제 집계 레벨)

	설립	재학생수
0	공립	19438
1	국립	532595
2	기타	1076
3	사립	1974947
4	국립대법인	46851
5	특별법국립	3325
6	특별법법인	13320

(8) 총 재학생 수(지역/학제/설립 집계 레벨)

	재학생수
0	2591552

4.2

속성 부분집합 선택

속성 부분집합 선택(Attribute Subset Selection)은 연관성이 낮거나 중복되는 데이터 속성을 제거하여 데이터 집합의 크기를 줄이는 기법을 의미한다. 분석하려는 데이터가 너무 많은 속성을 포함한다면, 데이터 분석 작업의 시간 효율이 떨어질 수밖에 없다. 속성 중에는 데이터 분석에 영향을 미치지 않거나 타 속성과 중복적 성격을 띠는 것도 많이 존재할 수 있다. 이러한 속성들을 충분히 제거하지 않고 분석 작업을 할 경우, 분석 알고리즘에 혼동을 줄 수도 있으며 이로 인해서 분석 결과 패턴의 품질에도 악영향을 미칠 수 있다. 따라서 연관성이 낮거나 중복된 데이터 속성(차원)을 제거하여 데이터 집합의 크기를 줄이는 노력이 필요하다. 목표는 전체 속성에 가장 가까운 데이터 범주의 확률 분포와 최소의 속성 집합을 찾는 것이다.

그렇다면, 최소 속성 집합을 어떻게 찾을 것인가? n개의 속성들에 대해서 2^n개의 속성 조합이 가능하다. 가장 쉽게 생각할 수 있는 방법은 소모적 탐색법(exhausted search)이다. 즉, 2^n개의 가능한 속성 조합 모두를 탐색하는 것이다. 그러나 이 기법은 n이 증가할수록 엄청난 비용을 발생시키기 때문에 비현실적이다. 대신, 검색 공간을 축소하여 탐색하는 경험적(heuristic) 방법을 일반적으로 많이 사용한다. 이러한 기법들은 속성 공간을 탐색하는 동안에 매 회마다 최선으로 보이는 것을 선택한다는 점에서 탐욕적(greedy)이라고도 한다. 이 전략은 전역적으로(globally) 최적이 될 것이라는 기대 속에 지역적으로(locally) 최적인 해를 선택해나가는 것이다. 최적 혹은 최악의 속성들은 그것들이 서로 독립적이라고 가정하는 통계적 유의성(statistical significance) 검정을 통하여 주로 결정된다. 이 밖에도 분류(classification)를 위한 의사결정트리(decision tree) 생성에 사용되는 정보 이득(information gain)과 같은 속성 평가 척도를 사용할 수 있다.

경험적인 기법에는 다음과 같은 것이 있다.

1) 단계적 전진 선택법(stepwise forward selection)

속성의 공집합으로 시작해서 최적의 속성들을 하나씩 추가하는 방법이다.

2) 단계적 후진 제거법(stepwise backward selection)

속성의 전체 집합으로 시작해서 최악의 속성들을 하나씩 제거하는 방법이다.

3) 전진선택법과 후진제거법의 결합(combination of forward selection and backward elimination)

위 두 방법을 결합하여, 각 단계마다 최선의 속성을 선택하고 최악의 선택을 제거하는 방법이다.

4) 의사결정트리 귀납법(decision tree induction)

의사결정트리 알고리즘은 원래 데이터마이닝 기법 중 분류(classification)를 위해 고안된 것이다. 의사결정트리는 흐름도(flowchart)와 유사한 구조를 나타내는데, 다음과 같은 구성요소를 가진다.

- 비단말 노드(non-leaf): 속성에 대한 테스트
- 가지(branch): 속성 테스트 결과에 따른 흐름
- 단말 노드(leaf): 클래스 예측

이 기법은 데이터를 개별적 클래스로 분할하기 위한 최선의 속성을 각 노드에서 고르는 것으로, 트리에 나타나지 않은 모든 속성은 부적절한 것으로 판단되고, 트리에 나타나는 속성들의 집합이 축소된 속성집합이 된다.

실무 예제 4-2

다음은 붓꽃(iris)에 대한 꽃받침 길이/너비(sepal length/width), 꽃잎 길이/너비(petal length/width), 품종(class)에 관한 데이터의 일부이다. 품종 판별에 중요한 영향을 미치는 속성의 부분집합을 의사결정트리 귀납법을 적용하여 선택하시오.

⊙ 데이터 파일: ch4–2(붓꽃데이터).csv
⊙ 원본 투플 수: 150개

일련번호	꽃받침길이	꽃받침너비	꽃잎길이	꽃잎너비	품종
1	5.1	3.5	1.4	0.2	setosa
2	4.9	3.0	1.4	0.2	setosa
3	4.7	3.2	1.3	0.2	setosa
4	4.6	3.1	1.5	0.2	setosa
5	5	3.6	1.4	0.2	setosa

```
# ch4-2.py
import pandas as pd
import numpy as np

# Scikit-Learn 패키지: 머신 러닝 교육 및 실무를 위한 패키지로 샘플 데이터
셋,
# 다양한 기계학습 기법에 대한 함수 등을 포함하고 있음
from sklearn import tree  # 의사결정트리 기법에 관련된 모듈
from sklearn.model_selection import train_test_split  # 분석
모형 선택에 관련된 모듈
from sklearn.preprocessing import StandardScaler  # 데이터
전처리에 관련된 모듈
import numpy as np

# 데이터 로드(ch4-2(붓꽃데이터).csv: 데이터 원본 파일)
# encoding: 윈도우스 환경에서의 한글 처리
# engine: python 3.8에서 한글이 포함된 파일 이름 사용
rawData = pd.read_csv('chap4/ch4-2(붓꽃데이터).csv',
encoding='CP949', engine='python')

# 소스 데이터 프레임에서 분류(classification)를 위한 속성 집합
X = rawData.loc[:, 'sepal_length' : 'petal_width']
y = rawData.loc[:, 'class']  # 분류 클래스(class)
```

```
# 자동으로 데이터 셋을 트레이닝셋과 테스트셋으로 분리해주는 함수로
# 트레이닝셋과 데이터 셋의 비율을 7:3으로 세팅함
X_train, X_test, y_train, y_test = train_test_split(X, y,
test_size=0.3, random_state=0)

# DecisionTreeClassifier(): 의사결정트리를 생성하는 함수
# fit(): 트레이닝 데이터 셋을 대상으로 의사결정트리 학습 진행
iris_tree = tree.DecisionTreeClassifier(criterion='entropy',
max_depth=3, random_state=0)
iris_tree.fit(X_train, y_train)
from sklearn.metrics import accuracy_score  # 분류 정확도
(classification accuracy)를 계산하는 모듈

# tree.predict() 함수를 활용하여 의사결정트리를 대상으로 테스트셋을 예측
y_pred_tr = iris_tree.predict(X_test)

# accuracy_score() 함수를 활용하여 테스트셋의 실제 클래스와 예측된 클래스
간 정확도 측정
print('Accuracy: %.2f' % accuracy_score(y_test, y_pred_tr))

# 의사결정트리 시각화를 위한 작업
# 트리 시각화를 위한 export_graphviz 모듈 임포트(이를 위해 graphviz
별도 설치 필요)
from sklearn.tree import export_graphviz
import pydotplus  # graphviz의 dot language와의 인터페이스를
제공하는 패키지 임포트
from IPython.display import Image  # IPython의 display와 관련된
Public API
x_list = list(X.columns)
y_list = list(y.drop_duplicates(inplace=False))

# export_graphviz(): 의사결정트리에 대한 graphviz dot data를
생성하는 함수
dot_data = export_graphviz(iris_tree, out_file=None,
feature_names=x_list, class_names=y_list, filled=True,
rounded=True, special_characters=True)

graph = pydotplus.graph_from_dot_data(dot_data)  # graphviz
의 dot data로부터 트리 그래프 생성
```

```
# 트리 그래프를 위한 png 이미지 생성 및 출력(jupyter notebook 환경에서 구동함)
Image(graph.create_png())
```

◘ 본 예제의 목적은 품종 분류(classification)나 예측(prediction)이 아니라 품종에 영향을 미치는 속성의 부분집합 선택이다. 의사결정트리는 분류 기법으로 기계학습의 일종이다. 파이썬에서는 기계학습 교육 및 실무를 위한 Scikit-Learn 패키지를 제공한다. 본 예제에서는 이 패키지에서 제공한 의사결정트리 기법 관련 함수를 이용한다. sklearn 패키지는 기계학습에 사용되는 전형적인 데이터 셋을 제공하는데, iris 데이터도 그 일종이다. 원래 datasets.load_iris()를 이용하여 읽어 들일 수 있는데, 여기서는 예제 데이터(csv)로 제공되는 파일로부터 읽는 코드를 사용하였다. 의사결정트리 분석을 위해 트레이닝셋과 테스트셋의 비율을 7:3으로 정하여, 트레이닝셋을 대상으로 학습시키며, 테스트셋을 이용하여 의사결정트리의 정확도(accuracy)를 검증한다. DecisionTreeClassifier()와 fit()을 이용하여 의사결정트리 생성 및 학습을 진행하며, tree_predict()와 accuracy_score()를 활용하여 의사결정트리의 정확도를 검증한다. 의사결정트리 시각화를 위해서 sklearn.tree의 export_graphviz 모듈을 이용한다. export_graphviz()는 의사결정트리에 대한 graphviz(DOT 스크립트 언어로 명세되는 그래프 시각화 오픈 소스) dot data를 생성하는 함수이며, pydotplus.graph_from_dot_data()를 이용하여 그래프를 생성하며, Image()와 create_png() 함수를 활용하여 그래프에 대한 png 이미지를 생성하여 출력한다.

결과

Accuracy: 0.98

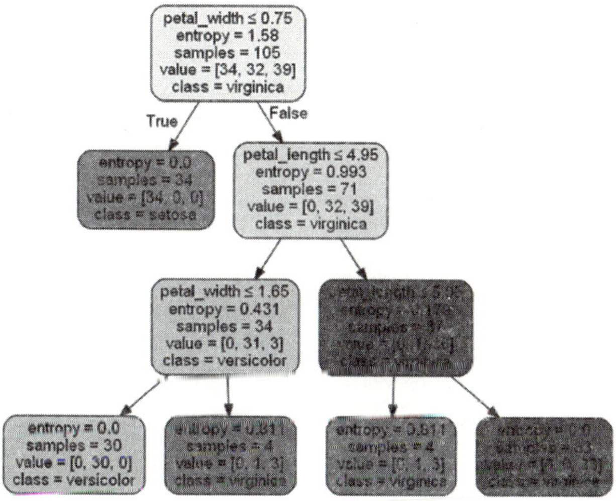

[3]

3 의사결정트리의 경우, 『R과 SQL을 활용한 실전 데이터 전처리』 책에서 R로 구현한 구간화 결과와 이 책에서 파이썬으로 구현한 구간화 결과가 다소 차이가 있다. 이는 R 코드의 경우 데이터셋 전체를 트레이닝셋으로 썼고, 파이썬 코드의 경우는 트레이닝셋과 테스트셋을 7:3의 비율을 나누었고 정확도도 측정하였다. 최종 결과의 차이는 이러한 전제조건의 차이로 인한 것으로 보인다.

■ 정확도(accuracy) 0.98의 의미는 테스트셋을 대상으로 의사결정트리를 통해 분류된 품종과 실제 품종 비교 결과, 98%가 일치한다는 뜻이다. 위 의사결정트리를 해석하면, 꽃잎 너비(petal_width)가 0.75 이하이면 setosa 품종으로 판단되고, 그렇지 않으면 꽃잎 길이(petal_length)를 기준으로 4.95 이하이고 꽃잎 너비가 1.65 이하이면 versicolor 품종, 꽃잎 길이가 4.95보다 길면 virginia 품종으로 판단된다는 의미이다. 결과적으로, 네 개의 속성 중 꽃잎 너비와 꽃잎 길이만 위 트리상에 나타나 품종에 영향을 미치는 속성이라고 판단할 수 있다. 그러므로 품종에 영향을 미치는 속성의 부분집합은 {꽃잎 길이, 꽃잎 너비} 이상 두 개의 속성으로 볼 수 있다(의사결정트리 이미지는 PyCharm 환경에서는 보이지 않고, Jupyter Notebook 환경에서 보임).

4.3 차원 축소

차원 축소(dimensionality reduction)는 원천 데이터의 축소판(압축판)을 얻기 위한 데이터 부호화 또는 데이터 변환의 적용을 의미한다. 원천 데이터가 정보의 손실 없이 압축된다면 무손실(loseless)이라고 한다. 반면, 원천 데이터의 근사치만으로 축소된다면 손실(lossy)이라고 한다. 일반적으로 많이 사용되며 효과적인 손실 차원축소 방법인 웨이블릿 변환(wavelet transform)과 주성분분석(principal components analysis)을 소개한다.

4.3.1 웨이블릿 변환

이산 웨이블릿 변환(discrete wavelet transform, DWT)은 데이터 벡터 X를 다른 수치적 벡터(numerically vector)인 X'으로 변환하는 것을 의미한다. 여기서 두 벡터 X와 X'의 길이는 같다. 각 투플을 n차원 데이터 벡터로 간주한다면, 벡터

$X = (x_1, x_2, ..., x_n)$를 각 투플로 고려한다. 그런데, 웨이블릿 변환 데이터가 원천 데이터와 같은 길이(속성 수)를 가짐에도 불구하고 데이터 축소로 볼 수 있는 것은 변환 데이터가 압축되어 보이기 때문이다. 즉, 웨이블릿 계수 중 가장 유력한 일부만을 저장함으로써 데이터 근사치를 유지할 수 있다. 예를 들어, 사용자가 정한 어떤 임계값보다 큰 모든 웨이블릿 계수들만 값을 유지하고 나머지 계수들을 0으로 간주하면, 결과적인 데이터 표현은 매우 희소해지며, 데이터 희소성(data sparsity)은 데이터 연산의 복잡도를 크게 감소시킬 수 있다. 또한, 데이터의 주요 특징들을 보존하면서도 잡음을 제거하는 역할을 하기도 하므로, 데이터 정제를 위해서도 효과적일 수 있다.

DWT를 적용하는 일반적인 절차에서는 각 반복 때마다 데이터를 반으로 나눠서 계산 속도를 향상시키는 피라미드 알고리즘(pyramid algorithm)을 사용한다. 웨이블릿 변환 과정은 웨이블릿 원형 함수를 적용하는 것인데, 여기에 사용되는 원형 함수를 분석 웨이블릿 혹은 모웨이블릿이라고 하며, 두 가지의 형태가 존재한다.

- 고주파 버전: 시계열 분석에 사용
- 저주파 버전: 빈도 분석에 사용

피라미드 알고리즘의 전체적인 절차는 다음과 같다.

1) 입력 벡터의 길이 L(L>=n)을 2의 정수 제곱으로 만들기 위해 필요한 만큼 0을 패딩으로 채운다.
2) 각 변환에 두 개의 함수를 적용한다. 첫 번째는 합이나 가중 평균을 적용한 데이터 평활화이고, 두 번째는 데이터의 세부적인 특성을 두드러지게 하는 가중차(weighted difference)의 계산이다.
3) 데이터 벡터 X의 두 데이터 포인트 쌍인 (x2i, x2i+1)에 두 개의 함수가 적용되고, 그 결과로 길이가 L/2인 두 데이터 셋을 만든다. 하나는 빈도 분석에 사용되는 저주파 버전, 다른 하나는 시계열 분석에 사용되는 고주파 버전이다.
4) 앞선 과정을 길이 L이 2가 될 때까지 반복한다.
5) 위의 반복에서 구해진 데이터 집합으로부터 선택된 값은 변형된 데이터의 웨이블릿 계수로 지정된다.

실무 예제 4-3

다음은 2014년도 서울시 광진구의 시간대별 대기오염 측정 결과의 일부이다. SO_2, NO_2, CO, O_3, PM10을 측정치 대상으로 웨이블릿 변환하여 데이터를 축소시키시오.

⊙ 데이터 파일: ch4-3(대기오염도측정).csv

⊙ 원본 투플 수 : 7,648개

년	월	일	시	SO_2	NO_2	CO	O_3	PM10
2014	1	1	1	0.01	0.037	1	0.005	179
2014	1	1	2	0.009	0.037	1	0.005	179
2014	1	1	3	0.008	0.037	1.1	0.004	181
2014	1	1	4	0.006	0.038	1.2	0.004	167
2014	1	1	5	0.006	0.039	1.2	0.004	149

*출처: 서울시 열린 데이터광장(data.seoul.go.kr)

```
# ch4-3.py
import pandas as pd
import numpy as np
import pywt  # Discrete Wavelete Transform을 위한 패키지

# 데이터 로드(ch4-3(대기오염측정).csv: 데이터 원본 파일)
# encoding: 윈도우즈 환경에서의 한글 처리
# engine: python 3.6에서 한글이 포함된 파일이름 사용
rawData = pd.read_csv('chap4/ch4-3(대기오염도측정).csv',
encoding='CP949', engine='python')

# 대기오염 측정치(SO2, NO2, CO, O3, PM10)를 대상으로 multi-level
웨이블릿변환함수 dwt2() 적용

# rawData를 1차원 배열(array)로 변환
wavelete_src = []
wavelete_src.extend(rawData.loc[:,'SO2'])
wavelete_src.extend(rawData.loc[:,'NO2'])
wavelete_src.extend(rawData.loc[:,'CO'])
wavelete_src.extend(rawData.loc[:,'O3'])
wavelete_src.extend(rawData.loc[:,'PM10'])

# pywt.wavedec(): Multi-level 1D Discrete Wavelet Transform
을 위한 함수
# mode: 'zero', 'constant', 'symmetric', 'periodic',
'smooth', 'periodization' 중 periodic 적용
```

```
# level: decomposition level을 지정하는 파라미터로서 여기서는 12를
지정
coeffs = pywt.wavedec(wavelete_src, 'db1', mode='periodic',
level=12)

# coeffs 리스트의 크기 구하기
coeffs_len = len(coeffs)

# Approximation coefficient 출력 (level=12)
print("Approximation coefficient : ")
print(coeffs[0])

# Detail coefficient 출력(level 12부터 1까지)
for i in range(1, coeffs_len):
    print("Detail coefficient (level = " + str(coeffs_len-i)
+ ")")
    print(coeffs[i])

# coefficient 시각화
import matplotlib.pyplot as plt

# 원 소스 그래프
print("Source data graph : ")
plt.plot(wavelete_src)
plt.show()  # 차트 보여주기

# Approximation coefficient 시각화 (level=12)
print("Approximation coefficient graph : ")
plt.plot(coeffs[0])
plt.show()

# Detail coefficient 출력(level 12부터 1까지)
for i in range(1, coeffs_len):
    print("Detail coefficient graph(level = " + str(coeffs_
len-i) + ")")
    plt.plot(coeffs[i])
    plt.show()
```

■ 파이썬에서 소스 데이터의 웨이블릿 변환을 위해 PyWavelets(pywt) 패키지의 wavedec() 함수를 활용하였다. pywt 패키지에서는 1차원의 1-level 웨이블릿 변환을 위해 dwt() 함수를 제공하고, 1차원의 multi-level 웨이블릿 변환(decomposition)을 위해 wavedec() 함수를 제공한다. 이 사례에서는 다층 레벨에서 데이터 축소 효과를 보여주기 위해서 wavedec()를 이용하였다. wavedec()는 1차원 배열(리스

트)가 변환 대상이 되기 때문에 다섯 개의 속성을 가진 원 데이터(rawData)를 선형의 1차원 배열로 변환하여(wavelete_src) wavedec() 함수의 패러미터로 제공하였다. 분해(decomposition)할 수 있는 최대 레벨은 dwt_max_level() 함수를 이용하여 구할 수 있다. 이 사례는 최대 레벨을 15까지 설정할 수 있는데 여기서는 12로 설정하였다. wavedec()의 mode 파라미터는 웨이블릿 변환을 위해 소스 데이터를 입력 포맷에 맞게 채우는 방법에 관한 문제로 symmetric(기본 값) 등 총 여섯 개 중 하나를 선택할 수 있는데 여기서는 periodic을 선택하였다. wavedec() 함수의 결과는 웨이블릿 계수(coefficient) 배열의 ordered list 형태로 구해진다. 웨이블릿계수에는 근접계수(approximation coefficient)와 상세계수(details coefficient)가 있는데, 첫 번째 요소는 근접계수 배열이고, 두 번째 요소부터는 상세계수 배열인데, 최고 레벨의 상세계수 배열부터 1-레벨이 상세계수 배열 순서로 저장된다.

결과

```
Approximation coefficient :
[3.09796875e-01 5.25796875e-01 1.75246875e+00 1.24270781e+01
 3.63875000e+01 1.97020000e+01 2.25879688e+00 2.16987223e+03
 2.94570313e+03 9.71904875e+02]
Detail coefficient (level = 12) :
[ 1.08906250e-02 -2.95890625e-01  2.56406250e-01 ...
7.27609375e+02  9.71584188e+02]
Detail coefficient (level = 11) :
[-2.24506403e-02  8.50737846e-03 -4.92765038e-03 ...
1.76975569e+02  5.94463566e+02]
Detail coefficient (level = 10) :
[ 2.97187500e-02 -7.03125000e-03  1.32812500e-02 ...
-3.64843750e+02  5.51221125e+02]
Detail coefficient (level = 9) :
[-1.45840774e-03  1.59982909e-02 -1.88709122e-02 ...
-1.02221124e+02  3.75921697e+02]
...
Detail coefficient (level = 3) :
[ 2.47487373e-03 -7.07106781e-04 -2.47487373e-03 ...
1.06066017e+00 -3.53553391e-01]
Detail coefficient (level = 2) :
[ 2.5e-03 -1.0e-03  1.0e-03 ... -5.5e+00  0.0e+00]
Detail coefficient (level = 1) :
[ 7.07106781e-04  1.41421356e-03  0.00000000e+00 ...
-7.07106781e-01 -4.94974747e+00]
```

Source data graph :

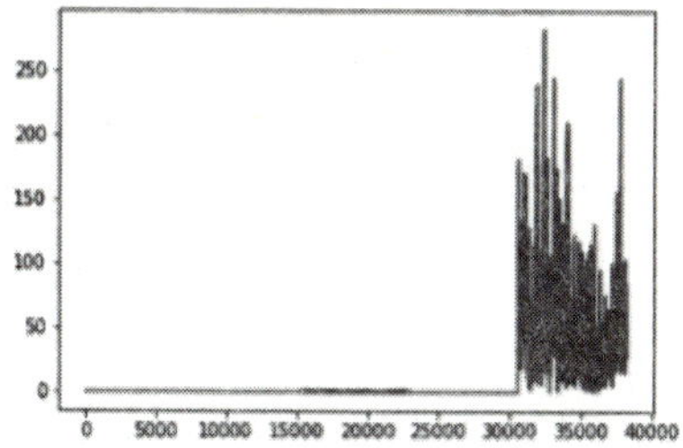

Approximation coefficient :

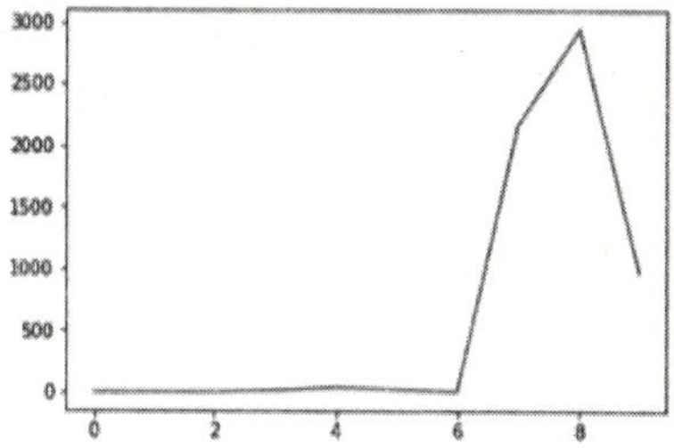

Detail coefficient (level = `12`) :

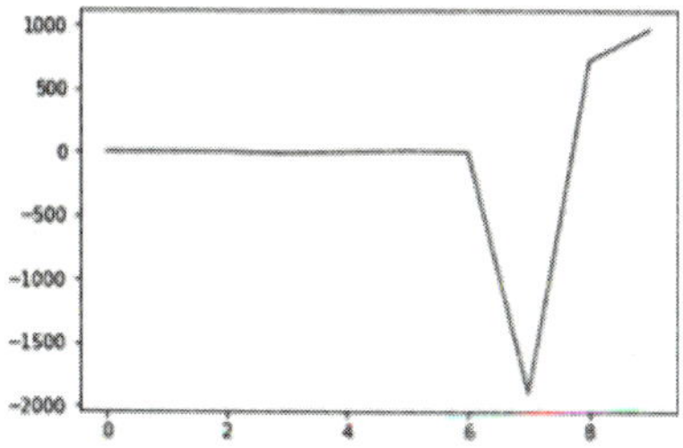

Detail coefficient (level = `11`) :

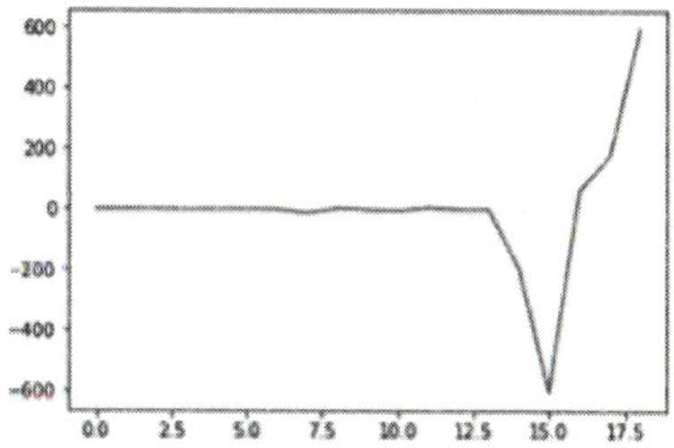

Detail coefficient (level = `10`) :

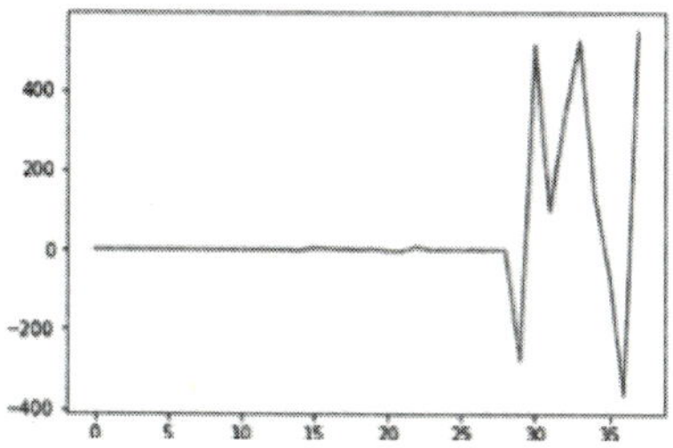

Detail coefficient (level = `9`) :

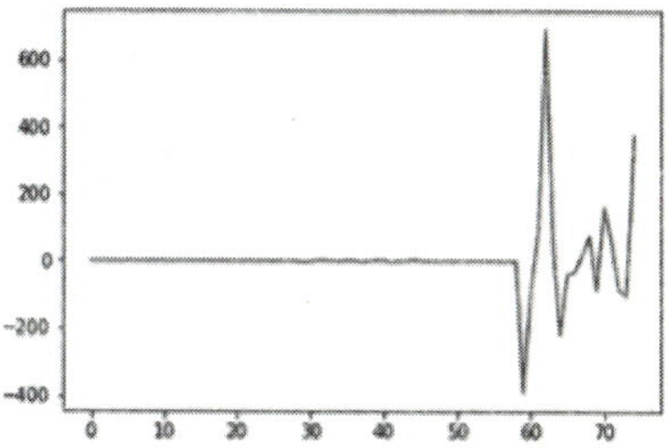

Detail coefficient (level = `8`) :

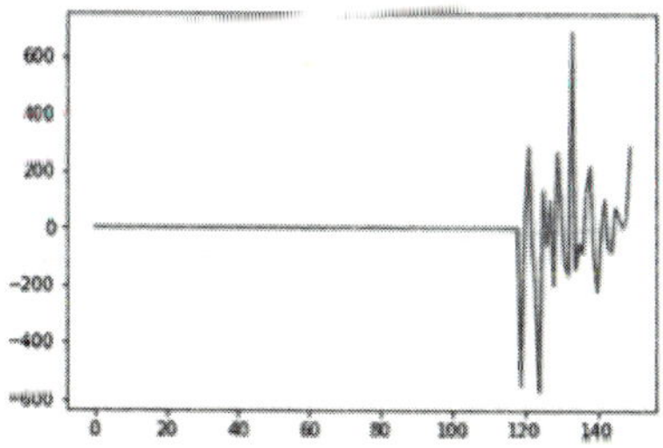

Detail coefficient (level = `7`) :

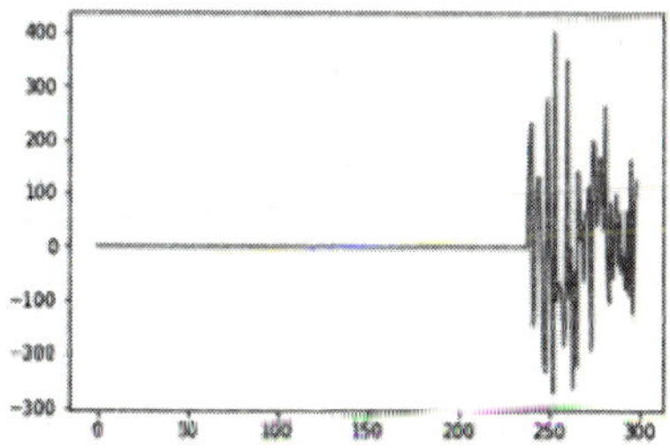

Detail coefficient (level = 6) :

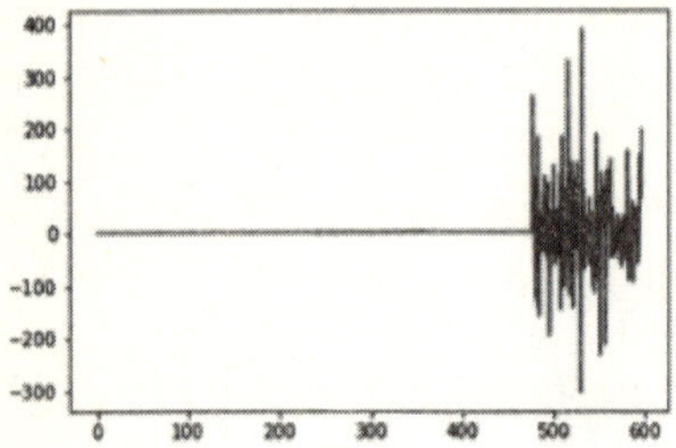

Detail coefficient (level = 5) :

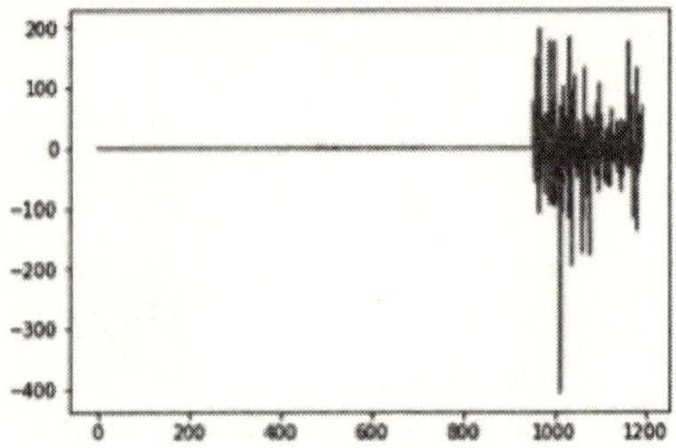

Detail coefficient (level = 4) :

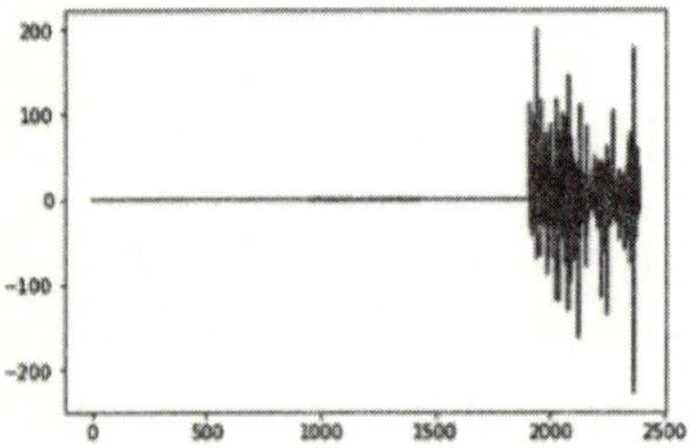

Detail coefficient (level = 3) :

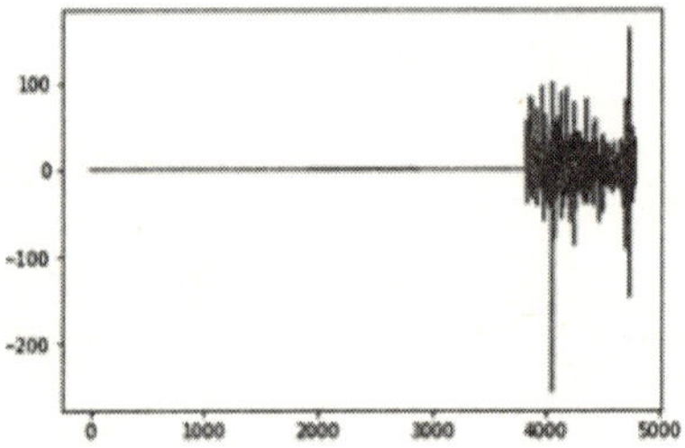

Detail coefficient (level = 2) :

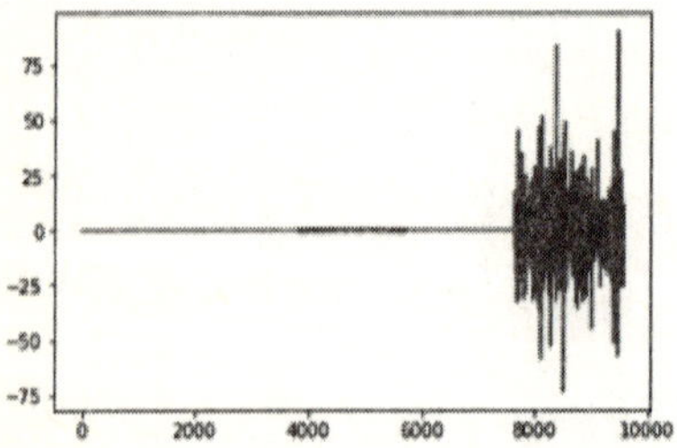

Detail coefficient (level = 1) :

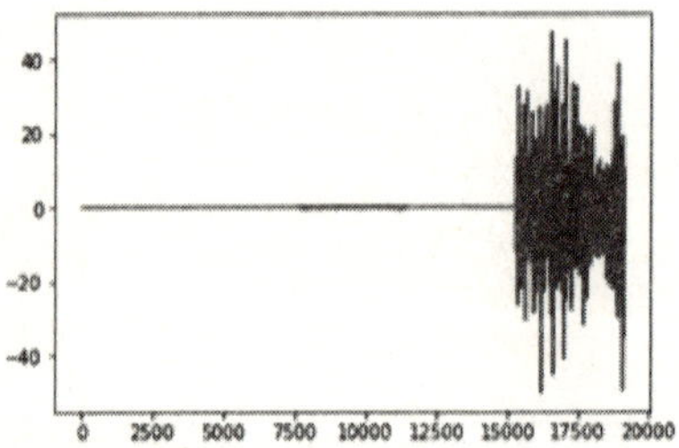

◘ Source data graph 가로 축의 값은 원본 데이터를 의미한다. (총 원본 투플 수)×(속성 수)=7,648개×5개=38,240개로 1차원 벡터로 표현되었다. 근접계수 배열은 12레벨에 대한 값이며 총 열 개의 요소로 구성된다. 이것은 최고 레벨인 12레벨에서는 데이터가 38,240개 데이터가 열 개까지 축소될 수 있음을 의미한다. 그래프에서 보듯이, 레벨이 올라갈 때마다 데이터가 점점 더 희소해지며 데이터 축소 효과가 나타남을 알 수 있다.

4.3.2 주성분 분석

n개의 속성을 가진 투플(n차원의 데이터 벡터)에 대하여, 주성분 분석(Principal Components Analysis, PCA)은 데이터를 표현하는 데 최적으로 사용될 수 있는 n차원 직교벡터(orthogonal vector)들에 대해서 k≤n인 k를 찾는다. 이렇게 되면 원본 데이터가 훨씬 작은 차원의 공간으로 투영되므로 데이터의 차원 축소가 이루어진다. [그림 4.2]의 PCA 그래프에서는 Feature 1과 Feature 2로 사상된 주성분 direction 1과 direction 2를 보여준다.

속성 부분집합 선택은 속성의 초기 집합의 부분집합을 유지하며 속성 집합의 크기를 줄이는 반면, PCA는 필수적인 속성들의 핵심을 결합한다. PCA는 종종 기대하지 않았던 관계를 보여주기도 하여 평범하지 않은 결과 해석을 가능하게 해준다.

PCA의 기본적 절차는 다음과 같다.

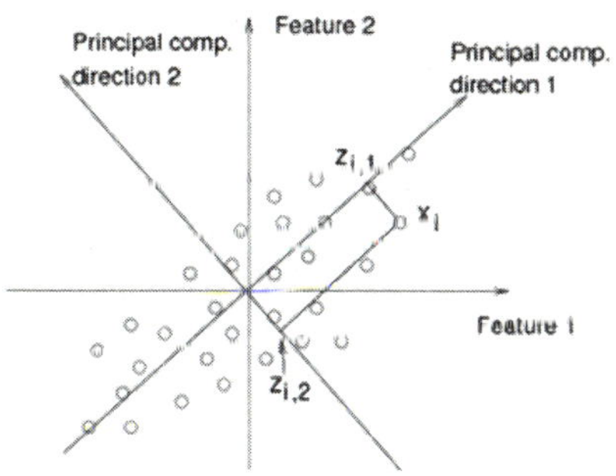

출처: PGWiki(http://www.potatogim.net/wiki)

[그림 4.2] PCA 그래프의 예

1) 입력 데이터를 표준화하여 같은 범위에 속하게 만든다. 표준화하는 이유는 큰 범위를 갖는 속성들이 작은 범위를 갖는 속성들을 압도하지 않도록 하기 위해서이다.
2) 표준화된 입력 데이터를 위한 기저(base)를 제공하는 정직교(or-thonormal) 벡터들을 계산한다. 이들을 주성분(Principal Component)이라고 하며, 입력 데이터는 주성분의 선형 조합(linear combination)이다.
3) 주성분은 중요도의 내림차순으로 정렬되며, 본질적으로 주성분은 데이터에 대한 새로운 축의 집합으로서의 역할을 한다. 즉, 정렬된 첫 번째 축은 가장 큰 분산을 보여주며, 두 번째 축은 그 다음으로 높은 분산을 보여주는 식이다.
4) 내림차순 정렬되어 있으므로 약한 성분들(낮은 분산의 성분들)을 제거함으로써 데이터 크기를 줄일 수 있다. 즉, 가장 강한 성분들을 사용함으로써 크기가 축소된 원천 데이터의 훌륭한 근사치를 구성할 수 있다.

PCA는 비용 효과적이며, 순서화된 속성이나 순서화되지 않은 속성에 두루 적용할 수 있고 희소 데이터와 비대칭 데이터를 모두 다룰 수 있다. 또한, 다차원 데이터를 2차원으로 축소 가능하다. 데이터 축소 기법으로서의 웨이블릿 변환과 비교해볼 때, 웨이블릿 변환은 고차원 데이터에 더 적합하고 PCA는 희소 데이터 취급에 더 유리하다.

실무 예제 4-4

다음은 한국신용평가정보에서 나온 국내 증권회사의 주요 제무제표(2007년 3월31일 기준)의 일부이다. 주성분 분석을 통하여 데이터 차원을 축소시키시오.

⦿ 데이터 파일: ch4-4(국내증권사제무재표).csv

⦿ 원본 투플 수: 18개

증권사명	총자본순이익률	자기자본순이익률	자기자본비율	부채비율	자기자본회전율
SK증권	2.43	11.1	18.46	441.67	0.9
교보증권	3.09	9.95	29.46	239.43	0.9
대신증권	2.22	6.86	28.62	249.36	0.69
대우증권	5.76	23.19	23.47	326.09	1.43
동부증권	1.6	5.64	25.64	289.98	1.42

*출처: 공공데이터포털(www.data.go.kr)

```
# ch4-4.py
import pandas as pd
import numpy as np

# 데이터로드(ch4-4(국내증권사재무제표).csv: 데이터 원본 파일)
# encoding: 윈도우즈 환경에서의 한글 처리
# engine: python 3.6에서 한글이 포함된 파일 이름 사용
rawData = pd.read_csv('chap4/ch4-4(국내증권사재무제표).csv',
encoding='CP949', engine='python')

# PCA 대상 속성 추출
pca_src = rawData[['총자본순이익률','자기자본순이익률','자기자본비율','
부채비율','자기자본회전율']]

# 데이터 표준화를 위한 sklearn.preprocessing 중 StandardScalor
모듈 임포트
from sklearn.preprocessing import StandardScaler

# StandardScaler(): 데이터를 표준화시키기 위한 함수
pca_std = StandardScaler().fit_transform(pca_src)

# PCA 분석을 위한 sklearn.decomposition 중 PCA 모듈 임포트
from sklearn.decomposition import PCA
```

```
# i: 몇 차원으로 축소할 것인지에 대한 정보를 담기위한 변수
# cum_prop : n 차원까지의 누적기여율(cumulative proportion)을
담기위한 변수
i = 1
cum_prop = 0

# 몇 차원으로 축소할 것인지를 결정하는 루틴
# 여기서는 누적 기여율이 0.95 이상이 되는 차원 수까지 진행함
# pca.explained_variance_ratio_: 분석된 주성분(principal
components)의 기여율(percentage of variance)
while True :
    pca = PCA(n_components=i)
    principalComponents = pca.fit_transform(pca_std)
    cum_prop += pca.explained_variance_ratio_[i-1]
    print("\n차원수 : " + str(i))
    print("기여율(Proportion of Variance) : " + str(pca.
explained_variance_ratio_[i-1]))
    print("누적기여율(Cumulative Proportion) : " + str(cum_
prop))

    # 누적 기여율이 0.95 이상이면 루프 탈출
    if (cum_prop >= 0.95) :
        break
    i += 1

# 주성분으로 구성되는 데이터 프레임의 컬럼 이름을 저장하는 리스트 변수
str_param = []

# 주성분 컬럼 이름 리스트 구성
for j in range(1, i+1) :
    str_param.append("PC" + str(j))  # PC : 주성분(Principal
Component)

# 주성분 데이터 프레임 구성
principalDf = pd.DataFrame(data=principalComponents
                                        , columns=str_param)

# 주성분 데이터 프레임 출력
print("\n* 주성분 데이터 프레임 : ")
print(principalDf)
```

```
# components_: 원 속성(총자본수익률, 자기자본수익률, 자기자본비율,
부채비율, 자기자본회전율)에
# 대한 주성분의 영향력(variance) 정도로서, 절댓값이 클수록 영향력이 높음
print("\n* 원 속성에 대한 주성분 영향도(행: 주성분, 열: 원속성) : ")
print(pca.components_)

# 주성분의 (차원)수가 3차원이라는 가정하에 시각화
import matplotlib.pyplot as plt
from mpl_toolkits.mplot3d import Axes3D  # 3차원 그래프 생성을
위한 모듈 임포트

fig = plt.figure(figsize = (8,8))
ax = fig.add_subplot(111, projection='3d')
ax.set_xlabel('PC1', fontsize = 15)
ax.set_ylabel('PC2', fontsize = 15)
ax.set_zlabel('PC3', fontsize = 15)
ax.set_title('3 component PCA', fontsize = 20)

ax.scatter(principalDf.loc[:, 'PC1'], principalDf.loc[:,
'PC2'], principalDf.loc[:, 'PC3'])
ax.view_init(20, -60)
plt.show()  # 3차원 그래프 보여주기
```

◘ 주성분 분석을 위해 sklearn 패키지의 decomposition 모듈에 있는 PCA 서브모듈을 활용하였다. PCA 변환을 시도하기 전에 원 속성 값에 대한 Z-score 표준화(정규화)를 수행하였다. 표준화하는 이유는 앞서 설명하였듯이, 큰 범위를 갖는 속성들에 의해 작은 범위를 갖는 속성들의 편차가 무시되지 않게 하기 위해서이다. 예제는 5차원 속성들에 대해서 몇 차원까지 차원 축소할 것인지에 대해 결정해야 하는데, 이에 대한 기준으로 주성분의 누적 기여율(cumulative proportion of explained variance)이 0.95(95%) 이상 되는 것을 삼았다. 예를 들어, 누적 기여율이 0.95 이상이라는 의미는 차원을 축소하더라도 잃는 정보량(information loss)이 0.05(5%) 이하라는 것이다. 주성분 분석은 pca 모듈의 fit_transform()에 의해 수행되며, pca의 explained_variance_ratio_ 속성은 분석된 주성분의 기여율(ratio of explained variance) 정보를 가지고 있고, components_ 속성은 대상 데이터 셋의 원 속성에 대한 주성분의 영향도를 의미하고 절댓값이 높을수록 영향도가 크다고 해석할 수 있다. 시각화 부분은 주성분이 세 개(3차원)라는 가정하에 3차원 시각화를 시도하였다(이 예제에서는 실제 누적 기여율이 0.95 이상되는 시점이 3차원일 때이다).

결과

```
차원 수: 1
기여율(Proportion of Variance): 0.552292449493508
누적 기여율(Cumulative Proportion): 0.552292449493508

차원 수: 2
기여율(Proportion of Variance): 0.32113063589159446
누적 기여율(Cumulative Proportion): 0.8734230853851024

차원 수: 3
기여율(Proportion of Variance): 0.11011260987479617
누적 기여율(Cumulative Proportion): 0.9835356952598986

* 주성분 데이터 프레임:
         PC1       PC2       PC3
0  -1.530135 -0.624247 -0.651987
1  -0.212363  0.082795 -0.051090
2   0.202561 -0.998596 -0.406532
3  -2.422543  3.607282  0.167239
4  -0.921329 -1.497481  1.402165
5  -0.378883  0.614958  0.677670
6  -0.962550  1.455459 -0.849686
7   2.482928  0.698177  0.948808
8   2.777440  0.781683 -0.463983
9  -0.416752 -0.288128 -0.955269
10  1.436287 -1.168267 -0.101039
11 -1.582712 -1.191224 -0.076838
12  0.331097  0.244697  1.133745
13 -2.089553 -0.992578  0.215123
14  3.127050 -0.909798 -0.797250
15  2.064575  1.320334  0.662556
16 -0.433389  0.307370 -1.241424
17 -1.471729 -1.442436  0.387792

* 원 속성에 대한 주성분 영향도(행: 주성분, 열: 원속성):
[[ 0.07608427 -0.39463007  0.56970191 -0.5598277  -0.44778451]
 [ 0.77966993  0.56541218  0.16228156 -0.19654293  0.08636803]
 [ 0.0008916  -0.29532165  0.24122211 -0.25659729  0.88811827]]
```

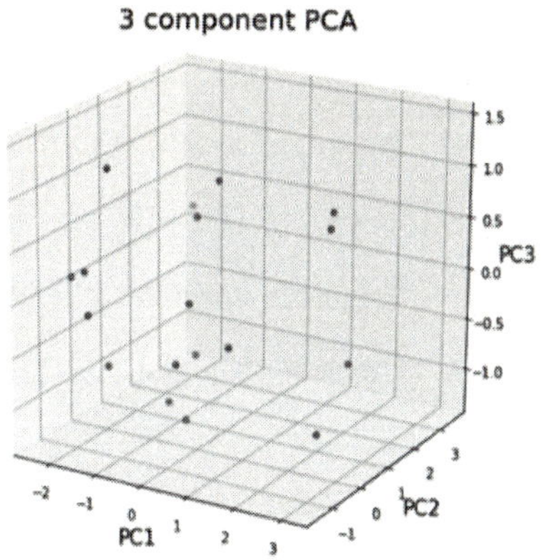

◘ 주성분의 기여율을 살펴보면, PC1이 55.23%, PC2가 32.11%, PC3이 11.01%로서 PC2까지의 누적 기여율은 87.34%, PC3까지의 누적 기여율은 98.35%이므로 0.95 이상의 누적 기여율을 보이는 주성분은 PC1, PC2, PC3 세 개이다. 원 속성에 대한 주성분의 영향도를 살펴보면, PC1은 자기자본비율과 부채비율에 관련되고, PC2는 총자본순이익률과 자기자본순이익률에 관련되며, PC3은 자기자본회전율과 관련이 있음을 보여준다. 재무지표 항목에 의미에 근거하여 주성분 속성을 명명하자면, PC1은 안정성, PC2는 수익성, PC3은 활동성으로 해석될 수 있다.

4.3.3 회귀와 로그-선형모형

회귀와 로그-선형모형(regression and log-linear model)은 주어진 데이터의 근사치를 구하는 데 사용한다. 선형회귀(linear regression)는 확률변수(random variable) y를 예측변수(predicator variable)인 x의 선형함수로서 (식 4.1)과 같이 모형화한다.

$$y = wx + b \qquad \text{(식 4.1)}$$

(식 4.1)에서 계수(coefficient) w와 b는 데이터를 분리하는 실제 선과 그 선의 추정치 사이의 오류를 최소화해주는 최소제곱법(method of least square)에 의해 구할 수 있다. 다중회귀(multiple regression)는 확률변수 y가 두 개 이상의 예측변수 x에 의해 모형화되도록 단순선형회귀를 확장한 것이다.

로그-선형모형은 n개의 속성으로 표현되는 n차원에서 주어진 n개의 투플 집합을 n차원 공간의 한 점으로서 생각하는 이산 다차원 확률분포의 근사치를 구한다. 차원 조합의 가장 작은 부분집합에 기반하여, 이산화된 속성들의 집합에 대한 다차원 공간 내의 각 점의 확률을 평가하는 데 사용될 수 있다. 이렇게 함으로써 저차원 공간으로부터 고차원 공간을 만들어낼 수 있다. 따라서 차원 축소(저차원의 점은 원래 데이터보다 적은 공간을 차지하기 때문에)와 데이터 평활화(저차원 공간의 평가를 응집하는 것이 고차원 공간의 평가보다 표본 변동에 덜 민감하기 때문에)에 유용하다.

회귀 방법이 고차원 데이터에 적용될 경우 계산 비용이 기하급수적으로 늘어나는 반면, 로그-선형모형은 10차원 정도 까지는 우수한 확장 가능성(scalability)을 보인다.

4.4
수량 축소

수량 축소(numerosity reduction)는 대체할 수 있는 더 작은 형태의 표현을 선택해서 데이터량을 줄이는 기법이다. 4장 첫 부분에 언급했듯이, 크게 모수적 기법(parametric method)과 비모수적 기법(nonparametric method)으로 나눌 수 있다.

4.4.1 표본추출

큰 데이터 집합을 많은 수의 임의 데이터 샘플(부분집합)로 표현 가능하다. 대용량 데이터 집합 D가 N개의 투플을 포함하고 있다고 가정하자. 표본추출(sampling) 방법에는 다음과 같은 것들이 있다.

- 비복원 단순 무작위표본(Simple random sample without replacement, SRSWOR)

D로부터 N개의 투플 중에서 임의의 s개를 취하는 방법으로 모든 투플들의 표본으로 추출될 확률은 같다.

• 복원 단순 무작위표본(Simple random sample with replacement, SRSWR)

각 투플이 D로부터 추출될 때마다 기록된 후 다시 제자리로 복원(replace)된다는 것을 제외하면 SRSWOR와 유사하다. 즉, 각 투플은 추출된 다음에 다시 추출될 수 있도록 D에 되돌려진다.

• 집략표본(Cluster sample)

D에 있는 투플들이 M개의 상호 배반적 군집(cluster)으로 묶여 있는 가운데 s개의 군집을 단순 무작위로 추출한다(s < M).

• 층화표본(Stratified sample)

D가 층(strata)이라 불리는 상호 배반적 부분들로 분할되어 있다면, 각 층에서 하나씩 단순 무작위로 추출한다(예, 고객의 나이 그룹 각각에 대하여 하나의 층이 생성되어 있는 고객 데이터로부터 층화표본을 얻는다).

4.4.2 히스토그램

히스토그램(histogram)은 구간화를 사용하여 데이터 분포의 근사치를 구하는 데이터 축소의 전형적 형태이다. 속성 A의 데이터를 버킷(bucket) 혹은 빈(bin)이라 불리는 분리 집합(disjoint subset)으로 나눈다. 각 버킷이 단일한 속성 값/빈도의 쌍으로 표현되기도 하고, 주어진 속성에 대한 연속 범위(continuous range)를 나타내기도 한다.

버킷을 결정하고 속성 값을 분할하는 방법에는 다음과 같은 것들이 있다.

- 동등 폭(Equal-width): 각 버킷의 범위는 균일하다.
- 동등 빈도(Equal-frequency): 각 버킷의 빈도가 일정하도록 만든다(각 버킷이 같은 수의 데이터 표본을 포함한다).
- V-최적(V-optimal): 최소 분산을 갖는 히스토그램을 의미한다. 히스토그램 분산은 각 버킷이 나타내는 데이터 값들의 가중합(weighted sum)이며, 버킷 가중치는 버킷에 있는 값들의 개수와 같다.
- 최대 차이(Max-Diff): 인접한 값들의 각 쌍 사이의 차이를 고려한다. 사용자 정의 버킷의 수 β에 대하여, β-1개의 최대 차이를 갖는 쌍들에 대하여 각 쌍 사이에 버킷 경계가 정해진다.

히스토그램은 희소 데이터나 밀집 데이터 모두에 효과적이며, 비대칭적 데이터와 균일한 데이터 모두에 매우 효과적이다. 단일 속성에 대한 히스토그램은 다중 속성에 대한 것으로 확장 가능하다. 다차원 히스토그램에서는 속성 간의 의존성 포착이 가능하다. 일반적으로 다섯 개까지의 속성을 가진 데이터의 근사치를 구하는 데 효과적이라고 알려져 있다.

4.4.3 군집화

군집화(clustering) 기법은 데이터 투플을 객체로 간주하고, 각 객체들을 군집(cluster)이라는 그룹으로 나눈다. 한 군집 내 객체들과는 유사하면서도 다른 군집 내 객체들과는 유사하지 않도록 군집화한다. 유사성은 공간 내에서 객체들이 어떻게 가까운지의 관점에 따라 거리 함수에 기반하여 정의된다. 클러스터의 품질은 지름(diameter)의 표현으로 나타낸다. 클러스터의 지름은 클러스터의 두 객체 간 최대 거리로 표현된다. 클러스터 간 중심 거리(centroid distance)는 클러스터 중심 간 거리로서 클러스터 품질로 대체 측정된다. 클러스터의 지름은 짧을수록(클러스터 내 객체 간의 유사성이 강할수록), 클러스터 간 중심 거리는 길수록(클러스터 간 유사성은 약할수록) 군집화의 품질이 높다고 볼 수 있다.

실무 예제 4-5 **다음은 2013년 전국 주요 지점별 유동 인구수 현황의 일부이다. 샘플링(sampling), 히스토그램(histogram), 클러스터링(clustering)을 활용하여 투플 수를 2,000개 이하로 축소시키시오.**

⊙ 데이터 파일: ch4-5(유동 인구수).csv

⊙ 원본 투플 수: 23,221개

조사일자	시간대	X좌표	Y좌표	행정구역명	남자 10대	남자 20대	남자 30대	남자 40대	남자 50대	여자 10대	여자 20대	여자 30대	여자 40대	여자 50대
2010-06-21	12시~13시까지	343,099.00	417,482.00	대전광역시 서구 월평동	2	24	68	50	31	4	37	64	44	26
2010-06-21	19시~20시까지	343,099.00	417,482.00	대전광역시 서구 월평동	19	44	28	33	21	14	56	49	43	18
2010-06-20	12시~13시까지	343,099.00	417,482.00	대전광역시 서구 월평동	13	33	34	61	55	13	32	29	28	12
2010-06-20	19시~20시까지	343,099.00	417,482.00	대전광역시 서구 월평동	23	33	32	547	129	12	39	13	46	4
2010-06-21	12시~13시까지	343,121.00	417,343.00	대전광역시 서구 월평동	0	9	27	21	6	5	24	20	10	6

* 출처: 공공데이터포털(www.data.go.kr)

```
# ch4-5.py
import pandas as pd
import numpy as np
import random as rd  # 샘플링을 위한 random 패키지 임포트

# 데이터 로드(ch4-5(유동 인구수).csv: 데이터 원본 파일)
# encoding: 윈도우즈 환경에서의 한글 처리
# engine: python 3.6에서 한글이 포함된 파일 이름 사용
rawData = pd.read_csv('chap4/ch4-5(유동인구수).csv',
encoding='CP949', engine='python')
```

1) 샘플링을 통한 수량 축소

```
# 1) 샘플링을 통한 수량 축소
# 소스 데이터를 읽은 데이터 프레임의 인덱스 값 중 2,000개를 샘플링
# len(): 데이터 프레임의 크기를 구하는 함수
sample_idx = rd.sample(range(0, len(rawData)-1), 2000)

# 인덱스 값 정렬(오름차순)
sample_idx.sort()

# 샘플링된 인덱스로 구성된 샘플 데이터 프레임 생성
rawData_sample = rawData.loc[sample_idx]
```

```
# 첫 10개의 행만 출력
print(rawData_sample.head(10))
```

◘ random 패키지에 있는 sample() 함수를 이용하여 pandas 데이터 프레임의 인덱스 값을 원하는 크기만큼 샘플링하는 예제이다.

결과

	조사일자	시간대	X좌표	Y좌표	행정구역명
24	2010-06-28	12시~13시까지	348993	427864	대전광역시 대덕구 석봉동
26	2010-06-26	12시~13시까지	348993	427864	대전광역시 대덕구 석봉동
33	2010-06-29	19시~20시까지	349741	418313	대전광역시 대덕구 송촌동
56	2010-07-15	12시~13시까지	367855	521079	경기도 여주군 여주읍
75	2010-07-04	19시~20시까지	315042	572779	경기도 의정부시 녹양동
78	2010-07-04	12시~13시까지	518930	326688	울산광역시 남구 신정동
83	2010-07-04	19시~20시까지	519133	326794	울산광역시 남구 신정동
88	2010-06-29	12시~13시까지	521807	329491	울산광역시 중구 반구동
89	2010-06-29	19시~20시까지	521807	329491	울산광역시 중구 반구동
114	2010-10-10	12시~13시까지	316730	589063	경기도 동두천시 생연2동

	남자 10대	남자 20대	남자 30대	남자 40대	남자 50대	여자 10대	여자 20대	여자 30대	여자 40대	여자 50대
24	30	17	11	3	15	23	11	5	9	35
26	13	23	54	12	31	7	35	28	42	59
33	53	18	8	50	35	58	18	7	51	30
56	40	84	20	48	124	12	80	56	64	104
75	46	28	38	36	38	72	48	30	34	26
78	153	102	39	42	78	237	159	12	57	87
83	12	222	39	42	48	24	195	33	24	78
88	0	9	15	21	60	3	9	21	57	66
89	48	39	33	45	54	27	18	12	18	54
114	56	40	66	48	58	76	70	80	70	42

◘ 비복원 방식에 해당하며, 샘플링된 인덱스 값을 오름차순으로 정렬하여 처음 열 개만 출력하였다.

2) 히스토그램을 통한 수량 축소

```
# 2) 히스토그램을 통한 수량 축소
# 소스 데이터 프레임에 총계 컬럼 추가: sampling 빈도를 구하는 데 활용
rawData['총계'] = rawData['남자10대']+rawData['남자20
대']+rawData['남자30대']\
                +rawData['남자40대']+rawData['남자50
                 대']+rawData['여자10대']+rawData['여자20대']\
                +rawData['여자30대']+rawData['여자40
                대']+rawData['여자50대']

# rawData_grp: 총계 컬럼 값을 100으로 나눈 몫을 기준으로 그룹핑하여
그룹별 그룹 값과 빈도수(count)를 구함
# groupby() 함수의 파라미터로 as_index=False를 주지 않았기 때문에
index 값은 rawData['총계']//100 값이 그대로 쓰임
# rawData_hist: 그룹별 기준 값과 빈도수를 저장하는 데이터 프레임
rawData_grp = rawData.groupby(rawData['총계']//100)['총계'].
count()
rawData_hist = pd.DataFrame(data={'기준' : rawData_grp.index.
values, '빈도' : rawData_grp.values})

# sum_tot : 빈도 컬럼의 총합
sum_tot = rawData_hist['빈도'].sum()

# 데이터 프레임 rawData_hist에 대한 히스토그램 시각화
import matplotlib.pyplot as plt

n_bins = len(rawData_hist)
fig, ax = plt.subplots(1, 1, figsize = (15,15))
ax.hist(rawData_hist['빈도'], bins=n_bins, color="green")

plt.show()  # 그래프 보여주기

# 최종 sampling된 인덱스 리스트를 저장
sample_idx = []

# rawData_hist를 하나씩 읽어가면서 해당 기준 값 범위에 있는 총계 값을
가진 rawData 행 인덱스를 대상으로 빈도수에 비례하여 sampling 수행
for j in range(0, len(rawData_hist)) :
    sample_gugan_idx = rd.sample(list(rawData.
    loc[rawData['총계'].isin(range(rawData_hist.loc[j]['
    기준']*100,(rawData_hist.loc[j]['기준']+1)*100-1))].index.
```

```
    values), rawData_hist.loc[j]['빈도'] * 2000 // sum_tot)
    sample_idx += sample_gugan_idx

sample_idx.sort()

# 샘플링된 인덱스로 구성된 샘플 데이터 프레임 생성
rawData_sample = rawData.loc[sample_idx]

# 샘플링된 총 로우의 개수
print("* 샘플링된 총 로우의 개수: " + str(len(rawData_sample)))

# 첫 10개의 행만 출력
print(rawData_sample.head(10))
```

◘ 위 예제는 성별/연령별 유동 인구수의 합(총계)에 대한 히스토그램(구간 단위 100)을 구하고 각 구간에 속하는 로우의 빈도수에 따라 샘플링하는 수량 축소 방식을 보여준다. 우선, pandas 데이터프레임의 groupby()를 이용하여 소스 데이터가 들어 있는 rawData의 '총계' 컬럼을 100으로 나눈 몫(rawData['총계']//100. 연산자 //는 나눈 몫을 구하는 연산자)을 그룹핑하고 그룹핑 기준 값(rawData['총계']//100 값 자체)과 그룹별 로우의 빈도(count())를 새로운 데이터 프레임 rawData_grp에 저장한다. 이때 as_index=False를 파라미터로 넘기지 않았는데 이는 default 값 True를 사용하겠다는 뜻으로 그룹핑 기준 값을 인덱스로 사용하겠다는 뜻이다. 그런 다음, rawData_grp의 인덱스 값과 빈도 값을 컬럼으로 하는 rawData_hist 데이터 프레임을 생성하고, 이를 대상으로 샘플링을 수행한다. 샘플링은 rawData_hist의 행을 하나씩 읽어가면서 해당 기준 값 범위에 있는 총계 값을 가진 rawData 행 인덱스를 대상으로 빈도수에 비례하여 랜덤으로 로우를 추출하며 수행한다.

결과

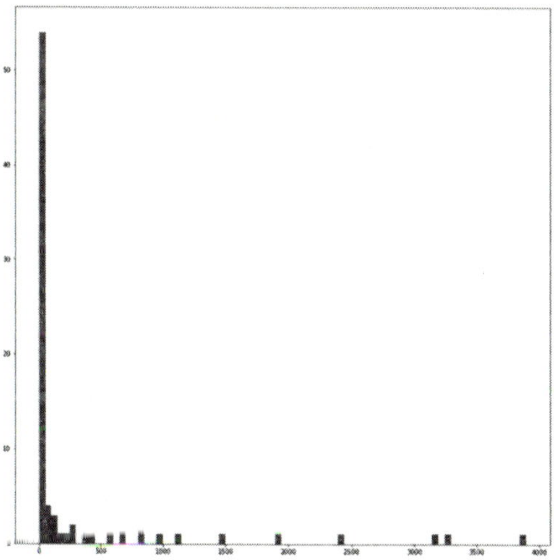

* 샘플링된 총 로우의 개수: 1970

	조사일자	시간대	X좌표	Y좌표	행정구역명
11	2010-06-05	19시~20시까지	311013	523508	경기도 수원시 정자1동
33	2010-06-29	19시~20시까지	349741	418313	대전광역시 대덕구 송촌동
37	2010-06-29	19시~20시까지	349720	418187	대전광역시 대덕구 송촌동
42	2010-06-12	12시~13시까지	522024	327118	울산광역시 남구 삼산동
58	2010-07-03	12시~13시까지	367855	521079	경기도 여주군 여주읍
76	2010-06-24	12시~13시까지	518930	326688	울산광역시 남구 신정동
86	2010-07-03	12시~13시까지	521795	329363	울산광역시 중구 반구동
118	2010-06-13	12시~13시까지	324549	561295	경기도 남양주시 퇴계원면
127	2010-06-12	19시~20시까지	318237	572514	경기도 의정부시 금오동
138	2010-06-12	12시~13시까지	309010	522206	경기도 수원시 율전동

	남자 10대	남자 20대	남자 40대	남자 40대	남자 50대	여자 10대	여자 20대	여자 30대	여자 40대	여자 50대	총계
11	36	42	89	78	64	32	45	95	78	42	601
33	53	18	8	50	35	58	18	7	51	30	328
37	63	25	21	15	17	60	22	11	8	10	252
42	0	15	33	51	87	6	9	18	9	51	279
58	24	52	10	32	80	6	50	44	50	64	412
76	42	183	63	72	45	36	246	147	123	105	1062
86	69	39	9	42	78	69	12	30	39	42	429
118	58	30	52	38	52	72	48	68	62	34	514
127	111	60	101	48	26	85	72	79	35	19	636
138	6	222	30	54	18	6	48	6	12	6	408

◘ 히스토그램 기법으로 샘플링된 로우의 총 개수는 1,970개이다. 1)번과 같은 순수 랜덤 샘플링에 의한 수량 축소 방식과 비교하여 히스토그램에 의한 수량 축소 방식은 빈도수에 기반하여 빈번히 나타나는 값의 영역대를 많이 샘플링함으로써 모집단의 특성을 좀 더 정확하게 반영하는 장점이 있는 반면, 빈도수가 적은 값 영역대의 로우는 전혀 샘플링이 안 될 수도 있어 소수의 특징적인 현황을 분석해야 하는 상황에서는 적절하지 않을 수 있다.

3) 클러스터링을 통한 수량 축소

```
# 3) 클러스터링을 통한 수량 축소
# K-Means 클러스터링 관련 함수를 가지고 있는 모듈 임포트
from sklearn.cluster import KMeans

n = 10  # 클러스터 개수
```

```
# K-Means 클러스터링 알고리듬 수행
kmeans = KMeans(n_clusters=n).fit(rawData.loc[:, '남자10대' :
'여자50대'])

# kmeans.labels_: 소스 데이터의 각 행들의 클러스터 레이블을 저장하고 있는
속성 리스트
# labelDF: 행별로 클러스터링 결과 레이블을 저장하는 데이터 프레임
labelDF = pd.DataFrame(kmeans.labels_, columns={'cluster_
label'})

# labelDF 데이터 프레임을 대상으로 cluster_label 별 빈도수 구함
cluster_cnt = labelDF.groupby('cluster_label')['cluster_
label'].count()

# 최종 sampling된 인덱스 리스트를 저장
sample_idx = []

# 0부터 n까지의 cluster label을 하나씩 읽어가면서 해당 label 값을 가진
rawData 행 인덱스를 대상으로 빈도수에 비례하여 sampling 수행
for i in range(0, n) :
    sample_gugan_idx = rd.sample(list(labelDF['cluster_
label'].isin([i]).index.values), cluster_cnt[i] * 2000 //
len(labelDF))
    sample_idx += sample_gugan_idx

sample_idx.sort()  # 오름차순 정렬

# 샘플링된 인덱스로 구성된 샘플 데이터 프레임 생성
rawData_sample = rawData.loc[sample_idx]

# 샘플링된 총 로우의 개수
print("* 샘플링된 총 로우의 개수 : " + str(len(rawData_sample)))

# 첫 10개의 행만 출력
print(rawData_sample.head(10))
```

◘ 위 예제는 K-means 클러스터링 기법을 활용하여 전체 로우를 클러스터링하고 각 클러스터에 속한 로우의 빈도수에 따라 샘플링하는 수량 축소 방식을 보여준다. K-means 클러스터링은 sklearn 패키지의 KMeans 모듈에 있는 KMeans() 함수를 활용하였고, 샘플링은 random 패키지에 있는 sample() 함수를 활용하였다.

결과

* 샘플링된 총 로우의 개수: 1996

	조사일자	시간대	X좌표	Y좌표	행정구역명
28	2010-06-28	12시~13시까지	349044	427745	대전광역시 대덕구 신탄진동
30	2010-06-26	12시~13시까지	349044	427745	대전광역시 대덕구 신탄진동
36	2010-06-29	12시~13시까지	349720	418187	대전광역시 대덕구 송촌동
51	2010-07-03	19시~20시까지	316040	572204	경기도 의정부시 의정부1동
71	2010-07-04	19시~20시까지	367906	521397	경기도 여주군 여주읍
88	2010-06-29	12시~13시까지	521807	329491	울산광역시 중구 반구동
89	2010-06-29	19시~20시까지	521807	329491	울산광역시 중구 반구동
99	2010-06-19	19시~20시까지	521455	327548	울산광역시 남구 삼산동
114	2010-10-10	12시~13시까지	316730	589063	경기도 동두천시 생연2동
117	2010-06-11	19시~20시까지	324549	561295	경기도 남양주시 퇴계원면

	남자 10대	남자 20대	남자 40대	남자 40대	남자 50대	여자 10대	여자 20대	여자 30대	여자 40대	여자 50대	총계
28	28	6	27	12	10	15	27	38	53	22	238
30	42	79	68	19	18	63	45	47	13	31	425
36	2	18	19	8	28	1	8	6	3	13	106
51	95	116	88	95	65	62	80	62	78	45	786
71	36	18	20	22	40	26	56	36	48	52	354
88	0	9	15	21	60	3	9	21	57	66	261
89	48	39	33	45	54	27	18	12	18	54	348
99	75	375	150	30	30	60	630	150	63	45	1608
114	56	40	66	48	58	76	70	80	70	42	606
117	68	46	72	62	46	42	38	48	34	40	496

◘ 클러스터링 기법으로 샘플링된 로우의 총 개수는 1,996개이고(실행할 때마다 몇 개 차이로 가변적임), 〈결과〉에서 샘플링된 로우(행)의 첫 열 개를 볼 수 있으며, 각 행의 가장 앞에 나타난 숫자가 행의 인덱스이다.

연습문제

1) 다음은 서울메트로 역별/시간대별 승하차 인원 현황의 일부이다. 데이터 큐브 집계를 이용하여 월별/호선별/시간대별 승차/하차 합계로 데이터를 축소시키시오(단, 시간대는 04~07, 07~09, 09~18, 18~20, 20~02로 구분).

⊙ 데이터 원본: (연습4-1)서울메트로역별시간대별승하차인원현황.xlsx
⊙ 원본 투플 수: 60,000개

역명	구분	00~01	01~02	02~03	03~04	04~05	05~06	06~07	07~08	08~09	09~10	10~11	11~12	12~13	13~14	14~15	15~16
동대문(155)	승차	50				19	517	407	772	1006	893	678	817	952	1072	1144	1148
동대문(155)	하차	162					74	296	515	1445	1173	1090	1192	1396	1267	1202	1172
동대문(155)	승차	56				17	452	443	694	1003	879	736	798	1043	1139	1257	1240
동대문(155)	하차	213					92	278	504	1399	1181	1149	1230	1286	1464	1261	1281
동대문(155)	승차	57				17	482	408	719	1030	837	759	771	1036	1138	1264	1157
동대문(155)	하차	189	2				60	280	537	1433	1196	1194	1237	1413	1316	1145	1308
동대문(155)	승차	35				24	502	398	686	1010	858	714	827	1024	1020	1122	1175
동대문(155)	하차	247					67	337	524	1366	1204	1177	1211	1359	1363	1306	1320
동대문(155)	승차	73	1			24	491	410	684	994	873	713	818	1081	1116	1196	1189

* 출처 : 서울시 열린 데이터광장(data.seoul.go.kr)

2) 다음은 2016년도 서울시 일별 대기오염도 정보 중 일부이다. 이산화질소, 오존, 일산화탄소, 아황산가스의 농도 및 미세먼지, 초미세먼지 측정치를 대상으로 웨이블릿 변환과 주성분 분석을 통하여 각각 데이터를 축소시키시오.

⊙ 데이터 원본: (연습4-2)서울시일별평균대기오염도정보.xlsx
⊙ 원본 투플 수: 14,302개

측정일시	측정소명	이산화질소농도(ppm)	오존농도(ppm)	일산화탄소농도(ppm)	아황산가스(ppm)	미세먼지(㎍/㎥)	초미세먼지(㎍/㎥)
20160606	강남구	0.020	0.041	0.2	0.004	23	15
20160606	강동구	0.012	0.040	0.3	0.004	24	16
20160606	강변북로	0.046	0.025	0.3	0.004	28	15
20160606	강북구	0.020	0.044	0.3	0.002	16	12
20160606	강서구	0.023	0.029	0.3	0.005	33	22
20160606	공항로	0.030	0.022	0.5	0.006	37	22
20160606	관악구	0.017	0.052	0.4	0.004	30	18
20160606	광진구	0.018	0.043	0.3	0.004	20	11
20160606	구로구	0.018	0.034	0.4	0.006	32	20

* 출처 : 서울시 열린데이터광장(data.seoul.go.kr)

3. 다음은 서울시 버스 노선별/정류장별 승하차 인원 현황의 일부이다. 샘플링(sampling), 히스토그램(histogram), 클러스터링(clustering)을 활용하여 투플 수를 3,000개 이하로 축소시키시오.

⊙ 데이터 원본: (연습4-3)서울시버스노선별정류장별승하차인원정보.xlsx

⊙ 원본 투플 수: 38,133개

사용월	버스노선번호	버스노선명	버스정류장명	승차인원	하차인원	작업일자
201512	9714	9714번(교하운정~서울역)	디지털미디어시티역	1763	209	20160308
201512	9714	9714번(교하운정~서울역)	교하차고지	189	8	20160308
201512	9714	9714번(교하운정~서울역)	교하차고지	0	151	20160308
201512	9714	9714번(교하운정~서울역)	마두역(중)	743	496	20160308
201512	9714	9714번(교하운정~서울역)	중앙공원	1	1504	20160308
201512	9714	9714번(교하운정~서울역)	중앙공원	1115	9	20160308
201512	9714	9714번(교하운정~서울역)	우리은행앞	51	4042	20160308
201512	9714	9714번(교하운정~서울역)	트리플메디컬타운	4359	46	20160308
201512	9714	9714번(교하운정~서울역)	청석마을8단지	5	1182	20160308

* 출처 : 서울시 열린 데이터광장(data.seoul.go.kr)

제 5 장

데이터 변환

데이터 변환(data transformation)은 데이터 분석에 적절한 형태로 데이터를 바꾸는 전처리 작업을 의미한다. 데이터 변환 방법에는 다음과 같은 것들이 있다.

- 평활(Smoothing)

데이터로부터 잡음(noise)를 제거한다. 구간화(binning), 회귀(regression), 군집화(clustering) 등이 대표적 기법이다.

- 집계(Aggregation)

그룹화 연산이 데이터에 적용된다. 예를 들어, 일일 판매 데이터를 월별 또는 연도별로 그룹화하는 기법으로 주로 데이터 큐브를 구축하는 데 사용된다.

- 속성 구성(Attribute construction)

주어진 속성 집합으로부터 새로운 속성을 구성하는 기법이다.

- 정규화(Normalization)

데이터를 정해진 구간(예, -1에서 1 사이) 내에 존재하도록 변환시키는 기법이다.

- 이산화(discretization)

수치형 속성의 원시 값(raw-value)을 구간 라벨로 대체하거나 개념적인 라벨로 대체하는 기법이다.

• 개념 계층(conceptual hierarchy)

도로 명과 같은 속성을 시나 국가와 같은 상위 레벨 개념으로 일반화시키는 기법으로, 많은 명목형 속성들이 암시적인 개념 계층을 가지고 있다.

평활이나 집계 기법은 앞 장에서 이미 다루었으므로, 본 장에서는 정규화, 이산화, 개념 계층을 위주로 다루도록 한다.

5.1
정규화

정규화(normalization)는 속성 값을 −1.0 ~ 1.0과 같이 정해진 구간 내에 들도록 하는 기법으로 신경망을 포함한 분류 알고리즘이나 최단 근접 분류와 군집화와 같은 거리 측정 등을 위해 특히 유용하다. 데이터 정규화를 위한 많은 방법들이 있는데, 이 중 세 가지 방법을 소개한다.

5.1.1 최소-최대 정규화

원본 데이터에 대하여 선형 변환을 수행한다. 속성 A에 대한 최솟값과 최댓값을 각각 min_A와 max_A라고 가정하자. 최소-최대 정규화(min-max normalization)는 다음 계산식에 의해 A의 값 v를 구간 $[min'_A, max'_A]$에서의 값 v'으로 사상한다.

$$v' = \frac{v - \min_A}{\max_A - \min_A}(\max'_A - \min'_A) + \min'_A \qquad (식\ 5.1)$$

최소-최대 정규화는 원본 데이터 값들 간의 관계를 보존

한다. 만약 정규화를 위한 입력이 A에 대한 원본 데이터 구간에서 벗어날 경우는 범위 초과(out-of-bounds) 오류가 난다.

5.1.2 Z-score 정규화

속성 A에 대한 값을 A의 평균과 표준편차를 기초로 정규화하는 방법이다. $\overline{A}$와 σ_A를 A의 평균과 표준편차라고 가정할 때, 다음 계산식에 의하여 A의 값 v는 v'에 사상된다.

$$v' = \frac{v - \overline{A}}{\sigma_A} \qquad \text{(식 5.2)}$$

Z-score 정규화(Z-score normalization)는 속성 A의 실제 최솟값과 최댓값이 알려져 있지 않거나, 최소–최대 정규화에 큰 영향을 주는 이상치가 존재할 때 유용하다.

5.1.3 소수 척도화

소수 척도화(decimal scaling)는 속성 A 값들의 소수점을 이동해서 정규화한다. 이동되는 소수점의 수는 A의 최대 절댓값에 의존한다. $Max(|v'|)<1$을 만족하는 가장 작은 정수를 j라고 할 때, A의 값 v는 다음 계산식에 의하여 v'로 사상된다.

$$v' = \frac{v}{10^j} \qquad \text{(식 5.3)}$$

실무 예제 5-1

다음은 2016년 항만별 선박 입출항 현황의 일부이다. 입항 선박 수, 입항 선박 톤 수, 출항 선박 수, 출항 선박 톤 수를 최소-최대 정규화, z-점수 정규화, 소수 척도화 방식으로 각각 정규화하시오.

⊙ 데이터 파일: ch5-1선박입출항).csv

⊙ 원본 투플 수: 30개

항만	입항선박수	입항선박톤수	출항선박수	출항선박톤수
부산	7301	105,138,280	7,409	103,857,903
인천	2715	30,716,710	2,716	30,779,186
평택.당진	1558	23,153,226	1,536	22,778,109
경인항	28	126,236	27	128,344
동해.묵호	552	4,202,603	546	4,039,929

* 출처: 공공데이터포털(www.data.go.kr)

```
# ch5-1.py
import pandas as pd
import numpy as np

# 데이터 로드 (ch5-1(선박입출항).csv: 데이터 원본 파일)
# encoding: 윈도우즈 환경에서의 한글 처리
# engine: python 3.6에서 한글이 포함된 파일 이름 사용
rawData = pd.read_csv('chap5/ch5-1(선박입출항).csv',
encoding='CP949', engine='python')
```

1) 최소-최대 정규화

```
# 1) 최소-최대 정규화
# 최소값: 0, 최대값: 1로 가정
from sklearn.preprocessing import MinMaxScaler  # sklearn.
preprocessing의 MinMaxScaler 모듈 임포트

# MinMaxScaler(): 최대-최소 정규화 함수 (기본 최솟값 : 0, 기본 최댓값
: 1)
mmscaler = MinMaxScaler()

# 최소-최대 정규화 수행 및 데이터프레임 생성
df1 = pd.DataFrame(rawData.loc[:,'항만'], columns = ['항만'])
```

```
df2 = pd.DataFrame(mmscaler.fit_transform(rawData.loc[:,
'입항선박수' : '출항선박톤수']), columns=['입항선박수', '입항선박톤수',
'출항선박수', '출항선박톤수'])
rawData_scaling = pd.concat([df1, df2], axis=1)  # 두 개의
데이터프레임(df1, df2) 결합

print(rawData_scaling)
```

▫ 입항 선박 수, 입항 선박 톤 수, 출항 선박 수, 출항 선박 톤 수 등 네 개의 속성 각각에 대하여 [min'A, max'A] = [0, 1.0]으로 가정하고 (식 5.1)을 적용하여 정규화시킨 결과이다. MinMaxScaler() 함수는 최소-최대 정규화를 위한 데이터 전처리 함수로서 기본(default) 값은 최솟값 0, 최댓값 1로 설정되어 있다.

결과

	항만	입항선박수	입항선박톤수	출항선박수	출항선박톤수
0	부산	1.000000	1.000000	1.000000	1.000000
1	인천	0.371609	0.292150	0.366325	0.296353
2	평택.당진	0.213072	0.220211	0.206994	0.219314
3	경인항	0.003426	0.001193	0.003241	0.001228
4	동해.묵호	0.075226	0.039965	0.073319	0.038891
5	삼척	0.025075	0.005601	0.025115	0.005760
...	...	...	...	...	...
26	하동	0.007536	0.013936	0.007291	0.013954
27	울산	0.567553	0.337391	0.561842	0.355989
28	제주	0.120855	0.066473	0.118553	0.067237
29	서귀포	0.018772	0.001862	0.018634	0.001886

▫ 최소-최대 정규화 결과 값은 모두 0(최솟값)과 1(최댓값) 사이에 존재한다. 부산항의 경우는 네 가지 속성 모두 최댓값을 가지고 있기 때문에 최댓값이 1로 변환된다.

2) Z-score 정규화

```
# 2) Z-score 정규화
# sklearn.preprocessing의 StandardScaler 모듈 임포트
from sklearn.preprocessing import StandardScaler

# StandardScaler(): Z-score 정규화 함수
stdscaler = StandardScaler()
```

```
# Z-score 정규화 수행 및 데이터프레임 생성
df1 = pd.DataFrame(rawData.loc[:,'항만'], columns = ['항만'])
df2 = pd.DataFrame(stdscaler.fit_transform(rawData.loc[:,
'입항선박수' : '출항선박톤수']), columns=['입항선박수', '입항선박톤수',
'출항선박수', '출항선박톤수'])
rawData_std = pd.concat([df1, df2], axis=1)  # 두 개의
데이터프레임(df1, df2) 결합

print(rawData_std)
```

◘ 입항 선박 수, 입항 선박 톤 수, 출항 선박 수, 출항 선박 톤 수 등 네 개의 속성 각각에 대하여 (식 5.2)를 적용하여 정규화시킨 결과이다. StandardScaler() 함수는 Z-score 정규화를 위한 데이터 전처리 함수이다.

결과

	항만	입항선박수	입항선박톤수	출항선박수	출항선박톤수
0	부산	3.977058	4.326171	3.999328	4.289097
1	인천	1.069845	0.907552	1.056042	0.912063
2	평택.당진	0.336386	0.560117	0.315987	0.542325
3	경인항	-0.633531	-0.497648	-0.630406	-0.504341
4	동해.묵호	-0.301350	-0.310396	-0.304907	-0.323583
5	삼척	-0.533369	-0.476357	-0.528805	-0.482590
...	...	...	...	...	...
26	하동	-0.614513	-0.436103	-0.611591	-0.443263
27	울산	1.976368	1.126049	1.964177	1.198275
28	제주	-0.090251	-0.182373	-0.094806	-0.187541
29	서귀포	-0.562530	-0.494417	-0.558909	-0.501183

◘ Z-score 결과 값은 평균값은 0으로 변환되고 표준편차 이내의 값은 −1과 1 사이로 변환된다. −1 미만 또는 1 초과 값은 표준편차 밖에 존재하는 값이다.

3) 소수 척도화

```
# 3) 소수 척도화
# 각 항목에서 최댓값 구하기
max_입항선박수 = max(rawData.loc[:,'입항선박수'])
max_입항선박톤수 = max(rawData.loc[:,'입항선박톤수'])
max_출항선박수 = max(rawData.loc[:,'입항선박수'])
max_출항선박톤수 = max(rawData.loc[:,'출항선박톤수'])
```

```
# 소수 척도화 수행
list_of_decs = []  # 소수 척도화 결과 값을 저장할 리스트 변수 초기화

# 리스트 변수에 소수 척도화 결과 값을 행 단위로 저장
for i in range(0, len(rawData)) :
    list_of_decs.append([rawData.loc[i, '항만'],
                         rawData.loc[i, '입항선박수'] / pow(10,
                         len(str(max_입항선박수))),
                         rawData.loc[i, '입항선박톤수'] /
                         pow(10, len(str(max_입항선박톤수))),
                         rawData.loc[i, '출항선박수'] / pow(10,
                         len(str(max_출항선박톤수))),
                         rawData.loc[i, '출항선박톤수'] /
                         pow(10, len(str(max_출항선박톤수)))])

# 데이터 프레임 생성
rawData_dec = pd.DataFrame(list_of_decs, columns=['항만',
'입항선박수', '입항선박톤수', '출항선박수', '출항선박톤수'])

print(rawData_dec)
```

◘ 입항 선박 수, 입항 선박 톤 수, 출항 선박 수, 출항 선박 톤 수 등 네 개의 속성 각각에 대하여 (식 5.3)을 적용하여 정규화시킨 결과이다. pow(x, y) 함수는 xy 값을 구하는 함수이다. 소수 척도화 결과를 리스트 변수에 행 단위로 저장한 다음, 데이터 프레임을 씌우는 방식으로 정규화하였다.

결과

	항만	입항선박수	입항선박톤수	출항선박수	출항선박톤수
0	부산	0.7301	1.051383e-01	7.409000e-06	1.038579e-01
1	인천	0.2715	3.071671e-02	2.716000e-06	3.077919e-02
2	평택.당진	0.1558	2.315323e-02	1.536000e-06	2.277811e-02
3	경인항	0.0028	1.262360e-04	2.700000e-08	1.283440e-04
4	동해.묵호	0.0552	4.202603e-03	5.460000e-07	4.039929e-03
5	삼척	0.0186	5.897210e-04	1.890000e-07	5.990420e-04
...	...	...	...	...	...
26	하동	0.0058	1.466025e-03	5.700000e-08	1.450058e-03
27	울산	0.4145	3.547328e-02	4.164000e-06	3.697280e-02
28	제주	0.0885	6.989606e-03	8.810000e-07	6.983864e-03
29	서귀포	0.0140	1.965670e-04	1.410000e-07	1.966830e-04

◘ 소수 척도화 결과 값은 모두 1보다 작고 최댓값은 소수 첫 번째 자리에 0이 아닌 정수가 나오는 결과 값으로 변환된다.

5.2

수치형 데이터 이산화

수치형 데이터 이산화(numeric data discretization) 기법으로 구간화(binning), 히스토그램분석(histogram), 엔트로피–기반 이산화, 카이제곱(χ^2)–결합, 군집(cluster)분석, 직관적 분할에 의한 이산화 등이 있다. 이 절에서는 앞서 소개한 구간화, 히스토그램분석, 군집분석 등을 제외하고, 엔트로피–기반 이산화, 카이제곱(χ^2)–결합, 직관적 분할에 의한 이산화 기법을 다루고자 한다. 일반적으로 각 기법들에 있어서 이산화 대상 값들이 오름차순으로 정렬되어 있음을 가정한다.

5.2.1 엔트로피–기반 이산화

엔트로피–기반 이산화(entrophy-based discretization)는 top-down 방식의 이산화 기법으로 분할점들의 결정과 계산을 위해 클래스 분포 정보를 탐색한다. 수치형 속성 A의 값들을 분할하기 위하여 분할점으로 최소 엔트로피를 갖는 A의 값을 선택하고, 계층적 이산화를 달성하기 위하여 그 결과 구간을 분할한다. 이러한 방식을 통하여 속성 A의 개념 계층이 생성된다. 데이터 집합 D의 속성 A에 대한 엔트로피–기반 이산화 절차는 다음과 같다.

1) A의 각 값은 A의 범위를 분할하는 잠재적인 분할점(split-point)로 간주될 수 있다. 하나의 분할점에 의해 이항형(binary) 이산화를 진행할 수 있다.
2) 이항형 이산화 결과로 분리된 데이터 집합을 D_1, D_2라 하면, 속성 A의 기대 정보 요구량(expected information requirement) InfoA(D)는 다음과 같다.

$$Info_A(D) = \frac{|D_1|}{|D|} Entropy(D_1) + \frac{|D_2|}{|D|} Entropy(D_2) \quad \text{(식 5.4)}$$

- $|D|$: 데이터 집합 D의 투플 개수
- $|D|$: m개의 클래스 C_1, C_2, ..., C_m가 주어진 상황에서 D_1의 엔트로피는 $Entropy(D_1) = -\sum_{i=1}^{m} p_i \log^2(p_i)$ where p_i : 데이터 집합 D_1 내에서의 클래스 C_1 확률

속성 A의 분할점을 선택할 때, 기대정보요구량을 최소화하는 방향으로 분할점을 선택한다.

3) 1), 2)의 과정을 어떤 정지 규칙(stopping criterion)이 만족될 때까지(예를 들어, 모든 분할점 후보에 대한 최소 정보 요구량이 어떤 임계치(threshold) ε보다 작을 때까

지, 혹은 구간의 수가 미리 설정한 최대 구간 수보다 클 때까지) 구해진 각 분할에 재귀적으로 적용된다.

5.2.2 카이제곱(χ^2)–결합

대부분의 이산화 기법들이 top-down 분할 방식을 적용하는 것과는 달리 χ^2–결합 기법(interval merging by χ^2 analysis)은 가장 가까운 이웃 구간을 찾아내고 이들을 결합하여 더 큰 구간을 형성시키는 bottom-up 방식을 적용한다. 또한, 엔트로피-기반 이산화와 같이 클래스 정보를 활용한다는 측면에서 지도적(supervised)이다. χ^2–결합 기법의 핵심 개념은 정교한 이산화를 위해 클래스 상대도수가 구간에 매우 일관성이 있어야 한다는 점이다. 그래서 만약 두 개의 이웃 구간들이 매우 유사한 분포를 가진다면 그 구간들은 결합되고, 그렇지 않으면 분리된 상태로 둔다. χ^2–통계량은 3.3.2절의 데이터 통합에서 소개되었으며, 그곳에서 두 개의 범주형 속성 사이의 상관관계를 탐지하는 데 사용했다. χ^2–결합 구간들 또한 이산적 범주로 취급될 수 있기 때문에 (식 3.2)를 적용할 수 있다. χ^2–통계량은 주어진 속성에 대한 "두 개의 이웃 구간들이 독립이다"라는 가설을 검정한다. 실무 예제 3-1에서의 방법을 따라 데이터 분할표를 구성할 수 있다. 분할표는 두 개의 이웃 구간을 의미하는 두 개의 열과 m개의 행을 갖는다. (식 3.2)를 적용할 때, 칸 값 o_{ij}는 i번째 구간의 j번째 클래스에 해당하는 투플들의 수이다. 유사하게 o_{ij}의 기대빈도수 e_{ij}는 (구간 i의 투플 수)×(클래스 j의 투플 수)/N이며, 여기서 N은 데이터 투플의 총 수이다. 한 구간 쌍에 대해 낮은 χ^2 값은 '구간들이 클래스와 독립'이라는 것을 의미하며, 따라서 그 구간들을 결합할 수 있다는 것을 의미한다.

정지 규칙은 다음 세 가지 조건 중 하나에 의해 결정될 수 있다.

1) 모든 인접 구간들에 대한 χ^2 값들이 유의수준에 의해 설정된 임계치를 초과
2) 구간의 개수가 사전 정의된 최대-구간 내로 들어옴
3) 상대도수가 구간 내에서 일치(또는 사전 허용 오차 범위 내)

5.2.3 직관적 분할에 의한 이산화

직관적 분할의 대표적인 기법으로 3-4-5 규칙을 들 수 있다. 3-4-5 규칙은 데이터의 주어진 범위를 '가장 큰 유효숫자(most significant digit)'에서의 값의 범위를 토대로, 재귀적(recursively) 그리고 수준별로 3, 4, 5개의 비교적 동일한 폭의 구간들로 분할한다. 규칙의 내용은 다음과 같다.

어떤 구간이 가장 큰 유효숫자에서 3, 6, 7, 9개의 개별 값들을 포함한다면, 그 범위를 세 개의 동일 폭 구간들로 분할한

다(단, 7에 대해서는 2–3–2로 묶인 세 개의 구간으로 분할).

어떤 구간이 가장 큰 유효숫자에서 2, 4, 8 개의 개별 값들을 포함한다면, 그 범위를 네 개의 동일 폭 구간들로 분할한다.

어떤 구간이 가장 큰 유효숫자에서 1, 5, 10개의 개별 값들을 포함한다면, 그 범위를 다섯 개의 동일 폭 구간들로 분할한다.

실무 예제 5-2

다음은 2015년 국내 대학 현황이다. 재적 학생 수를 엔트로피-기반, 카이제곱-결합, 직관적 분할 방식을 각각 활용하여 20개 구간 내외로 이산화하시오.

- 데이터 파일: ch5-2(국내대학현황).csv
- 원본 투플 수: 1,720개

학제	학교명	지역	설립	재적 학생 수
전문대학	한국철도대학	경기	국립	180
전문대학	강원도립대학	강원	공립	1,658
전문대학	경남도립거창대학	경남	공립	1,614
전문대학	경남도립남해대학	경남	공립	1,639

* 출처: 공공데이터포털(www.data.go.kr)

```
# ch5-2.py
import pandas as pd
import numpy as np

# 데이터 로드(ch5-2(국내대학현황).csv : 데이터 원본 파일)
# encoding: 윈도우즈 환경에서의 한글 처리
# engine: python 3.6에서 한글이 포함된 파일 이름 사용
rawData = pd.read_csv('chap5/ch5-2(국내대학현황).csv',
encoding='CP949', engine='python')

# 재적 학생 수 속성을 벡터(리스트)로 저장
v_재적학생수 = list(rawData.loc[:, '재적학생수'])

# 오름차순 정렬
v_재적학생수.sort()
```

1) 엔트로피-기반 이산화

```
# 1) 엔트로피(entropy)-기반 재적학생수 이산화
# l_bound: 최소점, u_bound: 최대점, s_point: 분할점
# v_s_points: 구간경계점을 저정하는 벡터
l_bound = 0
u_bound = len(v_재적학생수) - 1
v_s_points = []  # 벡터(리스트) 초기화
```

```
# 엔트로피 계산을 위한 scipy.stats 모듈 임포트
from scipy.stats import entropy

# 기대정보요구량을 구하는 함수 정의
# 해당 구간에서 최소기대정보요구량을 나타내는 지점을 찾고 그 점을 경계로
재귀적으로 호출하는 구조
def info_gain(l_bound, u_bound) :
    i = l_bound + 1

    # 최소기대정보요구량의 위치 찾기
    while (i < u_bound) :
        # 기대정보요구량 계산
        v_info_gain = entropy(v_재적학생수[l_bound:(i + 1)])*(i
- l_bound + 1) \
                      / (u_bound - l_bound + 1) \
                      + entropy(v_재적학생수[(i + 1):(u_bound +
1)]) * (u_bound - i) \
                      / (u_bound - l_bound + 1)

        # 최소값 찾기
        if (i == l_bound + 1) :
            min_info_gain = v_info_gain
            min_idx = i
        else :
            if (v_info_gain < min_info_gain) :
                min_info_gain = v_info_gain
                min_idx = i

        i = i + 1

    # 구간 수 20개 내외로 분할하기 위해 임계값을 4.0로 설정(trial and
      error 방식으로 찾음)
    if (min_info_gain < 4.0) :
        return 1

    # 최소지점 위치를 v_s_points 벡터에 추가
    v_s_points.extend([min_idx])

    # 경계점을 중심으로 한 재귀적 함수 호출
    info_gain(l_bound, min_idx)
    info_gain(min_idx, u_bound)
```

```
# 함수 호출
info_gain(l_bound, u_bound)

# 경계점 벡터 정렬(오름차순)
v_s_points.sort()

# 리스트 변수에 엔트로피 이산화 결과 값(재적 학생 수, 대학 수)을 행 단위로
저장
list_of_disc = []
for i in range(0, len(v_s_points)) :
    idx = v_s_points[i]
    list_of_disc.append([v_재적학생수[idx], idx])

# 데이터 프레임 생성
rawData_disc = pd.DataFrame(list_of_disc, columns=['
재적학생수', '대학수'])

print(rawData_disc)
```

◘ 기대 정보 요구량 계산을 바탕으로 구간 경계점을 재귀적으로 찾아나가기 위하여 info_gain()이라는 사용자 함수를 설계하였다. 최소 기대 정보 요구량의 위치를 찾기 위해서 해당 구간 내 모든 지점의 기대 정보 요구량을 비교하였다. entropy 임계치는 문제에서 제시한 구간 수인 20개 내외를 맞추기 위해 시행착오(trial & error) 방식으로 탐색하여 구하였다.

결과

	재적학생수	구간경계점(대학수)
0	16	109
1	32	201
2	45	289
3	60	378
4	73	465
5	92	554
6	110	641
7	134	729
8	164	815
9	197	902
10	252	988
11	326	1075
12	410	1129
13	519	1184
14	674	1239

```
15    1070        1297
16    2195        1401
17    5195        1507
18   10106        1609
```

◘ 위는 엔트로피 이산화에 의해 구간화된 구간 경계점을 출력한 결과이다. 총 20개의 구간이 생성되었으며, 엔트로피 기반 이산화의 결과를 담은 데이터 프레임 rawData_disc의 첫 번째 열은 재적 학생 수이고 두 번째 열은 대학 수이다. 예컨대, 재적 학생 수가 16명까지인 대학 수가 110개(0~109는 110개), 17~32명까지인 대학 수가 92개(201-109는 92개)이다. 재적 학생 수가 10,106명 초과인 대학 수는 전체 대학 수가 1,720개이므로 111개로 볼 수 있다.

2) 카이제곱-결합 이산화

```
# 2) 카이제곱-결합 이산화
# 재적 학생 수와 지역 간의 카이제곱 검정에 의한 재적 학생 수 이산화

# 원본 데이터파일에서 '시군'과 '지정구분' 속성만 추출
rawData_kai = rawData.loc[:, ('지역','재적학생수')]

import cx_Oracle       # Oracle DB 연동을 위한 cx_Oracle 패키지
                         임포트
from scipy import stats  # 카이제곱검정을 위한 scipy 패키지 중
                           stats 모듈 임포트

# Oracle DB 연결
# 접속 정보(connection string): ID/PASS@CONNECTION_ALIAS
# CONNECTION_ALIAS: Oracle TNSNAMES.ORA 파일에 있는 접속 정보 별칭
(ALIAS)
conn_ora = cx_Oracle.connect("prep1/prep1@XE")

# DB 커서(Cursor) 선언
cur = conn_ora.cursor()

src_table = "d_base5_2"  # 사용할 Oracle 소스 테이블 명 지정
ord_table = "d_base_ord"  # 소스 테이블에서 재적 학생 수 기준으로
                            정렬하여 순번을 매긴 테이블 명 지정
cont_table = "d_base_cont"  # 사용할 분할표(contingency table)를
                              저장할 Oracle 소스 테이블 명 지정

# 데이터 프레임(rawData)에 저장된 데이터를 Oracle 테이블(d_base5_2)에
입력하기 위한 로직
# d_base5_2 테이블이 존재하는지 체크하는 함수
```

```
def table_exists(name=None, con=None):
    sql = "select table_name from user_tables where table_
name='MYTABLE'".replace('MYTABLE', name.upper())
    df = pd.read_sql(sql, con)

    # 테이블이 존재하면 True, 그렇지 않으면 False 반환
    exists = True if len(df) > 0 else False
    return exists

# 테이블(d_base5_2) 생성(테이블이 이미 존재한다면 TRUNCATE TABLE)
if table_exists(src_table, conn_ora):
    cur.execute("TRUNCATE TABLE " + src_table)
else:
    cur.execute("create table " + src_table + " ( \
                지역 varchar2(10), \
                재적학생수 number(6))")

# Sequence 구조를 Dictionary 구조(element, value)로 변환하는 함수
# 예: ("Matt", 1) -> {'1':'Matt', '2':1}
# INSERT INTO ... VALUES (:1, :2, ...)에서 바인드 변수 값을 주기
위해 Dictionary item 구조 사용
def convertSequenceToDict(list):
    dict = {}
    argList = range(1, len(list) + 1)
    for k, v in zip(argList, list):
        dict[str(k)] = v
    return dict

# 데이터 프레임에 저장된 데이터를 Oracle 테이블로 입력(insert)
cols = [k for k in rawData_kai.dtypes.index]
colnames = ','.join(cols)
colpos = ', '.join([':' + str(i + 1) for i, f in
enumerate(cols)])
insert_sql = 'INSERT INTO %s (%s) VALUES (%s)' % (src_table,
colnames, colpos)

# INSERT INTO ... VALUES (:1, :2, ...)의 바인드 변수 값을 저장하는
Dictionary 구조 생성
data = [convertSequenceToDict(rec) for rec in rawData_kai.
values]
```

```
# 바인드 변수와 Dictionary 데이터 구조를 활용하여 Bulk Insertion 구현
cur.executemany(insert_sql, data)
conn_ora.commit()

# 재적 학생 수 기준으로 오름차순 정렬
# 순번 테이블(d_base_ord) 생성(테이블이 이미 존재한다면 TRUNCATE
TABLE)
if table_exists(ord_table, conn_ora):
    cur.execute("TRUNCATE TABLE " + ord_table)
else:
    cur.execute("CREATE TABLE " + ord_table + " ( \
                지역 varchar2(10), \
                재적학생수 number(6), \
                순번 number(4))")

cur.execute("INSERT INTO " + ord_table +
            " select 지역, 재적학생수, \
            row_number() over (order by 재적학생수) - 1 순번
            from " + src_table)

conn_ora.commit()

# df_재적 학생 수: 재적 학생 수의 오름차순으로 정렬된 재적 학생 수 데이터
프레임
df_재적학생수 = pd.read_sql("select 재적학생수 from " + ord_table
+ " order by 재적학생수", con=conn_ora)

# 분할표 테이블(d_base_cont) 생성(테이블이 이미 존재한다면 TRUNCATE
TABLE)
if table_exists(cont_table, conn_ora):
    cur.execute("TRUNCATE TABLE " + cont_table)
else:
    cur.execute("CREATE TABLE " + cont_table + " ( \
                지역 varchar2(10), \
                구간 varchar2(7))")

# 카이제곱 검정을 통해 구간 병합을 할지 말지 결정하는 함수
def chi_process(l_bound1, u_bound1, l_bound2, u_bound2) :

    # 이전 구간의 분할표 데이터 삭제
    cur.execute("TRUNCATE TABLE " + cont_table)
```

```
# 관측도수 분할표 생성
cur.execute("INSERT INTO " + cont_table +
            " select 지역 \
            , case when 순번 between " + str(l_bound1) +
            " and " + str(u_bound1) +
            " then '구간1' else '구간2' end 구간 \
            from " + ord_table +
            " where 순번 between " + str(l_bound1) +
            " and " + str(u_bound2))

conn_ora.commit()

# 관측도수/기대도수 분할표 생성(1차원 배열 형식)
count_df = pd.read_sql(" \
         select a.지역 \
              , a.구간 \
              , nvl(b.관측도수,0) 관측도수 /*관측되지 않은 (지역
                +구간)은 0으로 처리*/ \
              , a.기대도수_지역 * a.기대도수_구간 / a.기대도수_
                전체 기대도수 \
         from ( select x.지역, y.구간 \
                     , x.기대도수_지역 \
                     , y.기대도수_구간 \
                     , x.기대도수_전체 \
                from ( select 지역 \
                            , count(*) 기대도수_지역 /* 지역
                              속성의 cardinality */ \
                            , sum(count(*)) over ()
                              기대도수_전체 /*전체 행 개수*/ \
                       from " + cont_table + " \
                       group by 지역 ) x, \
                     ( select 구간 \
                            , count(*) 기대도수_구간 /* 구간
                              속성의 cardinality */ \
                       from " + cont_table + " \
                       group by 구간 ) y ) a, \
              ( select 지역 \
                     , 구간 \
                     , count(*) 관측도수 /* 지역, 구간 별 실제
                       행 개수 */ \
```

```
                from " + cont_table + " \
                group by 지역, 구간 ) b \
          where a.지역 = b.지역(+) /* 특정 (지역+구간) 값은
          존재하지 않을 수 있어서 외부조인으로 처리 */ \
               and a.구간 = b.구간(+)", con=conn_ora)

# 2개 속성에 대한 자유도(degree of freedom) 갭 구하기
# A 속성에 대한 cardinality = a, B 속성에 대한 cardinality =
b라 가정
# cardinality: 서로 다른 속성 값의 개수
# 분할표 전체 행 개수(a*b) 구하기
tot_rows = count_df.shape[0]

# A 속성의 cardianlity(a)와 B 속성의 cardinality(b) 구하기
count_df2 = pd.read_sql("select count(distinct 지역)
도수_지역 \
                          , count(distinct 구간) 도수_구간 \
                       from " + cont_table, con=conn_ora)

# cardinality 갭 [(a*b-1) - (a-1)*(b-1)] 구하기
v_ddof = (tot_rows - 1) - (count_df2['도수_지역'] - 1) *
(count_df2['도수_구간'] - 1)

obs_array = count_df['관측도수']  # obs_array : 관측도수를
저장하는 1차원 배열
exp_array = count_df['기대도수']  # exp_array : 기대도수를
저장하는 1차원 배열

# stats.chisquare(): 카이제곱검정 함수
chis = stats.chisquare(obs_array, exp_array, ddof=v_
ddof)

# pvalue 임계치(0.35)는 구간 수 20개 내외를 맞추기 위해 시행착오
(trial & error) 방식으로 찾음
if (chis.pvalue[0] > 0.35) :
    return(True)     # 구간들이 클래스와 독립적이므로 구간병합
else :
    return(False)    # 구간들이 클래스와 독립적이라 볼 수 없으므로
                     병합하지 않음
```

```
# gugan_len: 초기 구간 단위를 30으로 일정하게 잡음
# boundary_idx: 구간 경계점의 위치를 저장하는 벡터
gugan_len = 30
i = 0
boundary_idx = []

# 구간 경계점의 위치를 지정(30단위로)
while (i*gugan_len <= len(df_재적학생수)) :
    boundary_idx.extend([i*gugan_len])
    i = i + 1

# 마지막 구간 경계점 지점(반드시 30단위로 된다고 볼 수 없으므로 별도 지정)
boundary_idx.extend([len(df_재적학생수)-1])

# 인접 구간과의 카이제곱 검정을 통해 p-value가 특정 임계치 이상인 경우
(병합이 필요한 경우)는
# 해당 경계점의 boundary_idx 값을 -1로 세팅
# boundary_idx를 차례로 순환하면서 병합 지점을 찾고,
# 순환 동안 병합이 한 번도 발생하지 않을 시에 while루프 탈출
while (1) :
    merge_cnt = 0
    i = 0
    ind = 1
    # l_bound1: 인접 두 구간 중 첫 번째 구간의 왼쪽 경계점
    # u_bound1: 인접 두 구간 중 첫 번째 구간의 오른쪽 경계점
    # l_bound2: 인접 두 구간 중 두 번째 구간의 왼쪽 경계점
    # u_bound2: 인접 두 구간 중 두 번째 구간의 오른쪽 경계점
    while (i < len(boundary_idx)-1) :
        if (boundary_idx[i] == -1) :
            i = i + 1
        elif (ind == 1) :
            l_bound1 = boundary_idx[i]
            i = i + 1
            ind = ind + 1
        elif (ind == 2) :
            u_bound1 = boundary_idx[i] - 1
            l_bound2 = boundary_idx[i]
            merge_idx = i
            i = i + 1
            ind = ind + 1
        elif (ind == 3) :
            u_bound2 = boundary_idx[i] - 1
```

```
                # 인접 구간의 경계점을 파라미터로 주고 카이제곱 검정
                 사용자정의 함수 호출
                if (chi_process(l_bound1, u_bound1, l_bound2,
                u_bound2)) :
                    # 병합이 필요한 경우에는 두 구간 경계점의 boundary_
                    idx 값을 -1로 세팅
                    boundary_idx[merge_idx] = -1
                    merge_cnt = merge_cnt + 1  # 병합 카운트 1증가
                ind = 1

        # 병합 카운트가 0일 때(순환주기 동안 병합이 한 번도 일어나지 않을 때),
        루프 탈출
        if (merge_cnt == 0) :
            break

cur.close()  # 커서(cursor) 종료
conn_ora.close()  # Oracle connection 종료

# 결과보기
i = 1
v_s_points = []   # 구간 분할 경계점을 저장하는 벡터 초기화

# boundary_idx가 -1일 경우는 구간 병합을 의미하므로 분할 경계점에서 제외
while (i < len(boundary_idx)-1) :
    if (boundary_idx[i] != -1) :
        v_s_points.extend([boundary_idx[i] - 1])
    i = i + 1

# 리스트 변수에 엔트로피 이산화 결과 값(재적 학생 수, 대학 수)을 행 단위로
저장
list_of_disc = []
for i in range(0, len(v_s_points)) :
    idx = v_s_points[i]
    list_of_disc.append([df_재직학생수.loc[idx,'재석학생수'],
    idx])

# 데이터 프레임 생성
rawData_disc = pd.DataFrame(list_of_disc, columns=
['재적학생수', '구간경계점(대학수)'])

print(rawData_disc)
```

◘ 카이제곱-결합 이산화는 bottom-up 방식이기 때문에 엔트로피-기반 이산화 기법처럼 재귀적 방식을 적용하기는 힘들다. 구간을 병합하는 방식이므로 초기 구간 설정이 필요하며, 이 예제에서는 초기 구간을 30단위의 일정 길이로 설정하였다. 전체적인 알고리즘은 구간을 처음부터 끝까지 순회하면서 인접 두 구간을 대상으로 카이제곱 검정을 수행하고, 검정 결과 유의수준(pvalue)이 일정 임계치 이상이면 클래스(여기서는 지역)와 독립적으로 판단하여 해당 두 구간을 병합하였다. 한 순회 주기 동안 한 번의 병합도 일어나지 않으면 구간 병합 프로세스는 끝나게 된다. 카이제곱 검정은 chi_process()라는 사용자 정의 함수를 만들어 수행하였다. 이 함수에서 파라미터로 들어온 두 개의 구간(구간1: [l_bound1, u_bound1], 구간2: [l_bound1, u-bound2]) 간의 카이제곱 검정을 수행해서 구간을 병합할지 여부를 결정한다. pvalue 임계치는 문제에서 제시한 구간 수인 20개 내외를 맞추기 위해 시행착오(trial & error) 방식으로 탐색하여 구하였다.

결과

	재적학생수	구간경계점(대학수)
0	28	179
1	37	239
2	43	269
3	66	419
4	101	599
5	113	659
6	123	689
7	132	719
8	207	929
9	230	959
10	252	989
11	274	1019
12	301	1049
13	483	1169
14	1231	1319
15	5064	1499
16	6052	1529
17	9230	1589
18	10297	1619
19	12462	1649
20	26523	1709

◘ 위는 카이제곱-결합 이산화에 의해 구간화된 구간 경계점을 출력한 결과[1]이다. 총 22개의 구간이 생

1 카이제곱-결합 이산화의 경우, 『R과 SQL을 활용한 실전 데이터 전처리』 책에서 R로 구현한 구간화 결과와 이 책에서 파이썬으로 구현한 구간화 결과가 다소 차이가 있다. 이에 대한 원인은 정확하지 않으나, 카이제곱에 대한 R과 파이썬 함수의 차이에 기인한 것으로 추정할 수 있다. 실제로 R의 경우, 본 예제 수행에서 50개의 이상의 메시지를 표시한다. 그러나, 결과의 차이가 전체적인 분석결과에 큰 영향을 미칠만한 정도가 아니기 때문에 무시할 수 있을 것으로 보인다.

성되었으며 카이제곱-결합 이산화의 결과를 담은 데이터 프레임 rawData_disc의 첫 번째 열은 재적 학생 수이고 두 번째 열은 대학 수이다. 재적 학생 수 기준으로 정렬된 결과이며, 180번(0~179번)째 대학(재적 학생 수 28명 이하)까지가 첫 번째 구간이고, 181번째에서 240번째 대학까지가 두 번째 구간이다. 병합된 구간의 대학 수가 210개까지 존재하는 경우도 있는 것을 볼 수 있다. 마지막 구간은 1,711번째 대학(재적 학생 수 26,523명 초과)부터이다.

3) 직관적 분할에 의한 이산화

```
# 3) 직관적 분할에 의한 재적 학생 수 이산화
# v_s_points: 재적 학생 수 구간 경계점을 저장하는 벡터(리스트)
v_s_points = []  # 초기화

# 3-4-5 규칙을 재귀적으로 적용하는 함수
# l_bound: 구간 최솟값
# u_bound: 구간 최댓값
# v_depth: 함수 호출 depth
def intuitive_split(l_bound, u_bound, v_depth) :

    # 문자형 변환
    l_bound_str = str(l_bound)
    u_bound_str = str(u_bound)

    # 문자 길이 반환
    ms_pos = len(u_bound_str)

    # 서로 다른 가장 큰 유효숫자(Most Significant Bit, MSB) 의 개수
    구하기
    i = l_bound
    ms_v = ""

    # 구간 내 숫자별 MSB를 구하여 ms_v에 저장
    while (i <= u_bound) :
        ele_str = str(i)
        ms_v = ms_v + ele_str[0]
        i = i+1

    # 중복 배제
    ms_v_unique = set(ms_v)

    # ms_card: 서로 다른 MSB의 개수 저장
    ms_card = len(ms_v_unique)
```

```
# ms_card의 수에 따라 분할 구간 수를 다르게 함(3-4-5 규칙에 따라)
if (ms_card == 3 or ms_card == 6 or ms_card == 9) :

    # gugan_len: 단위 구간 길이
    gugan_len = round((u_bound - l_bound) / 3, 0)

    # 2번째 중첩 호출(v_depth: 2)에서 구간 분할을 끝냄
    if (v_depth == 2) :
        # 구간 경계점 벡터 v_s_points에 요소 추가
        v_s_points.extend([l_bound])
        v_s_points.extend([l_bound + gugan_len])
        v_s_points.extend([l_bound + gugan_len * 2])
        v_s_points.extend([u_bound])
        return (True)
    else :
        # 1번째 함수 호출에서는 구간 범위를 달리하여 재귀적 함수 호출
        intuitive_split(l_bound, l_bound + gugan_len,
        v_depth + 1)
        intuitive_split(l_bound + gugan_len, l_bound +
        gugan_len * 2, v_depth + 1)
        intuitive_split(l_bound + gugan_len * 2, u_
        bound, v_depth + 1)
elif (ms_card == 7) :
    gugan_len = round((u_bound - l_bound) / 7, 0)
    if (v_depth == 2) :
        v_s_points.extend([l_bound])
        v_s_points.extend([l_bound + gugan_len * 2])
        v_s_points.extend([l_bound + gugan_len * 5])
        v_s_points.extend([u_bound])
        return (True)
    else :
    else :
        intuitive_split(l_bound, l_bound + gugan_len *
        2, v_depth + 1)
        intuitive_split(l_bound + gugan_len * 2, l_bound
        + gugan_len * 5, v_depth + 1)
        intuitive_split(l_bound + gugan_len * 5, u_
        bound, v_depth + 1)
elif (ms_card == 2 or ms_card == 4 or ms_card == 8) :
    gugan_len = round((u_bound - l_bound) / 4, 0)
    if (v_depth == 2) :
```

```
            v_s_points.extend([l_bound])
            v_s_points.extend([l_bound + gugan_len])
            v_s_points.extend([l_bound + gugan_len * 2])
            v_s_points.extend([l_bound + gugan_len * 3])
            v_s_points.extend([u_bound])
            return (True)
        else :
            intuitive_split(l_bound, l_bound + gugan_len,
            v_depth + 1)
            intuitive_split(l_bound + gugan_len, l_bound +
            gugan_len * 2, v_depth + 1)
            intuitive_split(l_bound + gugan_len * 2, l_bound
            + gugan_len * 3, v_depth + 1)
            intuitive_split(l_bound + gugan_len * 3, u_
            bound, v_depth + 1)
    elif (ms_card == 1 or ms_card == 5 or ms_card == 10) :
        gugan_len = round((u_bound - l_bound) / 5, 0)
        if (v_depth == 2) :
            v_s_points.extend([l_bound])
            v_s_points.extend([l_bound + gugan_len])
            v_s_points.extend([l_bound + gugan_len * 2])
            v_s_points.extend([l_bound + gugan_len * 3])
            v_s_points.extend([l_bound + gugan_len * 4])
            v_s_points.extend([u_bound])
            return (True)
        else :
            intuitive_split(l_bound, l_bound + gugan_len,
            v_depth + 1)
            intuitive_split(l_bound + gugan_len, l_bound +
            gugan_len * 2, v_depth + 1)
            intuitive_split(l_bound + gugan_len * 2, l_bound
            + gugan_len * 3, v_depth + 1)
            intuitive_split(l_bound + gugan_len * 3, l_bound
            + gugan_len * 4, v_depth + 1)
            intuitive_split(l_bound + gugan_len * 4, u_
            bound, v_depth + 1)

# 함수 호출
v_재적학생수.sort()
intuitive_split(v_재적학생수[0], v_재적학생수[len(v_재적학생수)-1],
1)
```

```
# 중복 값 제거 및 오름차순 정렬
list_of_disc = list(set(v_s_points))
list_of_disc.sort()

# 데이터 프레임 생성
rawData_disc = pd.DataFrame(list_of_disc, columns=
['재적학생수'])

print(rawData_disc)
```

▫ intuitive_split()함수는 3-4-5 규칙에 따라 구간의 직관적 분할을 수행하는 함수이다. 이 함수의 재귀적으로 호출로 구간을 분할해 나가는데, 함수 호출 깊이(depth)를 2로 제한하였다. 이는 구간의 수의 관련이 있는데, 결과적으로 11개의 구간이 생성된다. (depth를 3으로 할 경우는 구간의 수가 50개로 늘어나 구간이 너무 많이 쪼개진다) 결과를 저장한 벡터(리스트) rawData_disc는 재적 학생 수의 구간 경계점을 보여준다.

결과

```
      재적학생수
 0        1.0
 1     3814.0
 2     7627.0
 3    11440.0
 4    14300.0
 5    17160.0
 6    20020.0
 7    22879.0
 8    25739.0
 9    28599.0
10    31459.0
11    34319.0
```

▫ 위 결과 화면은 [1, 3814], [3815, 7627], ... [31460, 34319] 등 11개의 구간을 보여준다. 구간 길이를 수학적으로 분할한 관계로 앞의 두 기법과는 달리, 실제 구간 경계점에 해당하는 재적 학생 수를 갖는 대학이 없을 수 있으며, 데이터 분포와 상관없이 구간의 길이는 비교적 일정함을 알 수 있다.

5.3 범주형 데이터를 위한 개념 계층

범주형 데이터는 기본적으로 이산 데이터로서 값들 사이에 순서가 없는 유한개의 구별 값을 갖는다. 이러한 범주형 데이터에 대한 개념 계층 생성(conceptual hierarchy)을 위한 몇 가지 방법들이 있다.

1) 스키마 단계에서의 명시적 생성

스키마 수준에서 속성들의 개념 계층을 정의한다.

예) 주소의 경우, 스키마 수준에서 '동 < 기초시군구 < 광역시도 < 국가'를 정함

2) 명시적 데이터 그룹화에 의한 계층 일부 생성

개념 계층의 일부를 수동으로 정의한다.

예) {서울특별시, 경기도, 인천광역시} ⊂ 수도권, {전라북도, 전라남도, 광주광역시} ⊂ 호남권 등

3) 속성들의 개념 계층을 자동 생성

개념 계층은 일반적으로 상위 개념 수준이 몇 개의 하위 개

념 수준을 포함하므로, 상위 수준의 개념 수가 하위 수준의 개념 수보다 적다. 이러한 점에 착안하여 각 수준에서의 구별 값들의 개수를 근거로 상위와 하위의 순서를 자동으로 정하여 개념 계층을 생성한다.

4) 속성들의 부분 집합만을 생성

개념 계층의 생성 시에 관련 속성들의 일부만 사용하는 방식이다.

예) 주소에 대해서 동과 기초시군구 만을 사용하여 개념 계층 생성

연습문제

1) 다음은 서울시버스 노선별/정류장별 승하차 인원 현황의 일부이다. 승차 인원과 하차 인원을 최소-최대 정규화, z-점수 정규화, 소수 척도화 방식으로 각각 정규화하시오.

⊙ 데이터 원본: (연습5-1)서울시버스노선별정류장별승하차인원정보.csv

⊙ 원본 투플 수: 38,133개

사용월	버스노선번호	버스노선명	버스정류장명	승차인원	하차인원	작업일자
201512	9714	9714번(교하운정~서울역)	디지털미디어시티역	1763	209	20160308
201512	9714	9714번(교하운정~서울역)	교하차고지	189	8	20160308
201512	9714	9714번(교하운정~서울역)	교하차고지	0	151	20160308
201512	9714	9714번(교하운정~서울역)	마두역(중)	743	496	20160308
201512	9714	9714번(교하운정~서울역)	중앙공원	1	1504	20160308
201512	9714	9714번(교하운정~서울역)	중앙공원	1115	9	20160308
201512	9714	9714번(교하운정~서울역)	우리은행앞	51	4042	20160308
201512	9714	9714번(교하운정~서울역)	트리플메디컬타운	4359	46	20160308
201512	9714	9714번(교하운정~서울역)	청석마을8단지	5	1182	20160308

* 출처 : 서울시 열린 데이터광장(data.seoul.go.kr)

2) 다음은 부산광역시 어린이집 현황의 일부이다. 아동 현원을 엔트로피-기반, 카이제곱-결합, 직관적 분할 방식을 각각 활용하여 10개 구간 내외로 이산화하시오(단, 카이제곱-결합 방식에서의 독립성 여부 판단 기준 속성은 어린이집 유형으로 한다).

⊙ 데이터 원본: (연습5-2)부산시어린이집현황.csv

⊙ 원본 투플 수: 206개

No	어린이집유형	어린이집	어린이집특성	평가인증여부	정원	아동현원	보육교직원현원
1	민간	21세기어린이집	일반	Y	70	70	10
2	국공립	ymca어린이집	장애아통합	Y	60	60	11
3	가정	가람어린이집	일반	N	14	11	3
4	민간	가빈어린이집	일반	N	59	50	14
5	가정	거목어린이집	일반	Y	20	20	5
6	민간	건강한영아전담어린이집	영아전담	Y	32	32	10
7	민간	과학나라어린이집	일반	N	39	21	6
8	민간	구름나무어린이집	일반	N	32	29	7
9	법인 · 단체등	구포원광어린이집	일반	Y	49	45	7

* 출처: 공공데이터포털(www.data.go.kr)

제 6 장

Case Study: 취업률 관점에서의 대학정보 공시 정량 지표 분석을 위한 데이터 전처리

이 장에서는 지금까지 다룬 데이터 전처리 기법들이 실제적인 문제에서 어떻게 적용되는지 case study를 통해서 알아본다. 분석 주제는 '취업률 관점에서의 대학정보공시 정량 지표 분석'이다. 대학들은 대학정보공시 지표 항목에 대해서 의무적으로 공개해야 한다. 취업률 또한 대학정보공시 지표 항목의 하나로서 각종 대학 평가에서 중요한 요소로 활용되고 있다. 취업률 이외에도 대학의 경쟁력을 보여주는 다양한 대학정보공시 정량 지표들이 존재하는데, 이들이 취업률과 어떠한 상관관계가 있는지를 분석함으로써 대학들이 취업률 상향을 위해서 어떠한 정책들을 펼쳐나가야 되는지에 대한 시사점 제공에 분석의 목적이 있다고 하겠다. 여기서는 이 책의 목적상 분석 결과에 초점을 두기보다는 이러한 분석을 잘 수행하기 위해 어떤 데이터 전처리 기법들이 어떻게 활용되는지에 대한 사례를 소개하는 데 초점을 두고자 한다.

6.1

분석 모형

분석을 위한 절차는 다음과 같이 제시될 수 있다.

1) 데이터 셋 준비

원천 데이터의 확보[1]

2) 각 변수 값에 대한 결측치 처리 및 데이터 정규화(Z-score)[2]

지표 값의 결측치(NULL값 처리) 및 지표들 사이의 값의 단위(scale)가 천차만별이기 때문에 데이터 정규화를 통해 동일한 값의 단위로 지표 값을 변환

3) 취업률 상관도 분석 및 변수(지표) 선택: 상관분석, 선형회귀 분석

정량 지표 간의 상관관계 분석을 통해 분석 차원을 결정함. 상관분석(correlation analysis)[3]과 선형회귀분석(linear-regres-

1 대학 알리미 사이트(http://www.academyinfo.go.kr/)에서 대학정보공시 관련 데이터를 확보할 수 있다.

2 5.1.2 절 참조

3 3.3.1 절 참조

sion analysis)[4] 기법 적용

4) 취업률 기준 두 개의 집단으로 분류

취업률 상위 집단과 하위 집단 분류

5) 각 집단별 군집(cluster) 분석

취업률 상하위 집단에서의 정량 지표 분포 분석 및 비교를 통해 취업률 향상을 위해 중점적으로 관리해야 할 지표 도출. 분포 분석을 위해 클러스터링 기법 적용

6) 취업률 향상 전략 도출

분석 결과를 토대로 취업률 향상을 위한 정책 방향 시사점 도출

위에서 제시한 여섯 가지 단계는 데이터 수집에서부터 분석의 전 과정을 제시한 것이다. 이 중에서 데이터 전처리에 해당되는 부분은 2)와 3)이다. 이 장에서는 1)에 해당되는 데이터 스펙에 대해서 간략히 소개하고, 2)와 3)의 과정을 자세하게 소개한다. 2)와 3)에서 적용한 기법들은 이미 앞 장에서 소개된 기법들이다.

---

4 4.3.3 절 참조

6.2

분석 대상 데이터 셋

분석 대상 데이터 셋은 2014년 전문대학 정보공시 데이터이다. 원천 데이터는 총 13개의 대학정보공시 정량 지표로 구성되어 있으며, 전국의 모든 전문대학을 대상으로 한다. 분석 대상 정량 지표들은 다음과 같다.

> 학생 충원률, 중도 탈락 학생 비율, 학생 1인당 장학금, 장학금 수혜율, 학자금 대출 이용 학생 비율, 학생 1인당 교육비, 전임교원 1인당 학생 수, 전임교원 강의 담당 비율, 업체당 실습 학생 수 평균, 현장실습 이수율, 캡스톤디자인 이수 비율, 캡스톤디자인 학생당 지원 금액, 취업률(이상 13개 지표)

데이터 예제는 [그림 6.1]과 같다.

각 대학 명은 순번으로 무기명 처리하였으며, 지표 명은 변수 명으로 쓰기에는 다소 길어서 영문 약어로 대치했다. 지표 명과 변수 명과의 맵핑 표는 [표 6.1]과 같다.

⊙ 데이터 원본: (원본)전문대학정보공시데이터.xlsx

⊙ 원본 투플 수: 137개

순번	학생 충원율	중도탈락 학생비율	1인당 장학금	장학금 수혜율	학자금대출 이용학생 비율	학생1인당 교육비	전임교원 1인당학생수 (재학생기준)	전임교원 강의담당 비율	업체당 실습학생 수평균	현장 실습 이수율	캡스톤 디자인 이수비율	캡스톤 디자인 학생당 지원금액	취업률
1	0.957	0.097	2,912.20	51	18.2	8,829.70	32.8	51.6	2.7	16.1%			0.682
2	0.972	0.057	2,367.70	39.7	23.1	8,402.70	35.8	39.9	3.1	50.9%			0.585
3	1.015	0.037	2,879.00	49.2	22.9	8,418.40	33.2	52.2	2.7	17.2%	1.000	67	0.593
4	1.012	0.100	2,410.40	49.2	21.5	7,435.50	36.7	40.8	3.1	34.8%			0.613
5	0.945	0.061	2,231.90	89.1	9.9	9,234.30	32.4	36.3	2.8	32.6%			0.492
6	1.300	0.076	1,992.10	32.2	16.8	9,234.30	37.9	41.8	3.0	61.2%	0.63	249	0.867
7	1.236	0.079	2,350.40	35.8	19.9	9,911.80	39.5	37.8	2.5	58.7%	0.70	42	0.682
8	0.957	0.135	2,070.50	69.1	8.1	9,351.00	34.3	39.1	2.4	53.5%	1.00	107	0.646
9	1.080	0.064	1,784.50	62.9	14.8	7,566.60	39.6	38.9	2.4	78.1%	0.67	76	0.725
10	1.193	0.079	3,105.90	49.8	21.8	8,991.00	39.1	43.9	2.9	26.9%	0.88	298	0.720

* 출처 : 대학알리미 사이트(http://www.academyinfo.go.kr/)

[그림 6.1] 전문대학 정보공시 데이터 예제

[표 6.1] 지표 명과 변수 명 맵핑

지표 명	변수 명
순번	seq
학생 충원율	sc1
중도 탈락 학생 비율	sc2
1인당 장학금	sc3
장학금 수혜율	sc4
학자금 대출 이용 학생 비율	sc5
학생 1인당 교육비	sc6
전임교원 1인당 학생 수(재학생 기준)	sc7
전임교원 강의 담당 비율	sc8
업체당 실습 학생 수 평균	sc9
현장실습 이수율	sc10
캡스톤 디자인 이수 비율	sc11
캡스톤 디자인 학생당 지원 금액	sc12
취업률	tc

6.3
데이터 전처리

6.3.1 결측치 처리 및 데이터 정규화

이 장에서 사용하는 데이터는 실제 전문대학의 정보공시 지표 값을 사용하였기 때문에 결측치가 존재할 수 있다. 여기서는 결측치를 해당 속성의 평균값으로 대체하는 방법을 사용할 것이다. 이 기법은 2.1절에 이미 소개되었었다. [그림 6.1]에서 보듯이 각 지표 값들의 단위와 크기는 가지각색이다. 충원율, 중도 탈락률과 같이 비율로 표시되는 지표 값은 0 ~ 1 사이인 반면, 학생 1인당 교육비와 같이 금액으로 표시되는 지표 값은 천 단위가 넘어간다. 지표들 간에 상관분석이나 회귀분석 등을 수행하기 위해서 이러한 값들을 정규화하기로 한다. 정규화된 값들을 가지고 분석할 경우, 분석 결과에 대한 해석 또한 훨씬 더 직관적일 수 있다. 여기서는 5.1.2절에서 소개된 Z-score 정규화를 적용한다.

```
# ch6.py
import pandas as pd
import numpy as np

# 데이터 로드 ch6(전문대학정보공시데이터).csv: 데이터 원본
파일)
# encoding: 윈도우즈 환경에서의 한글 처리
# engine: python 3.6에서 한글이 포함된 파일 이름 사용
rawData = pd.read_csv('chap6/ch6
(전문대학정보공시데이터).csv', encoding='CP949',
engine='python')

# 결측치(NULL 값) 제거: 결측치를 해당 속성의 평균값으로 채우는
방법 채택
rawData_missing_fill_mean = rawData.
fillna(rawData.mean())

# Z-score 정규화
# sklearn.preprocessing의 StandardScaler 모듈 임포트
from sklearn.preprocessing import StandardScaler

# StandardScaler() : Z-score 정규화 함수
stdscaler = StandardScaler()

# Z-score 정규화 수행 및 데이터 프레임 생성
rawData_std = pd.DataFrame(stdscaler.fit_
transform(rawData_missing_fill_mean.loc[:, 'sc1'
: 'tc']), columns=['sc1_n', 'sc2_n', 'sc3_n',
'sc4_n', 'sc5_n', 'sc6_n', 'sc7_n', 'sc8_n',
'sc9_n', 'sc10_n', 'sc11_n', 'sc12_n', 'tc_n'])

print(rawData_std)
```

결과

	sc1_n	sc2_n	sc3_n	sc4_n	sc5_n	sc6_n	sc7_n	sc8_n	sc9_n	sc10_n	sc11_n	sc12_n	tc_n
0	-0.534049	0.812002	7.991725e-01	5.038228e-01	-0.322650	-1.642371e-02	-0.763615	0.730818	-3.005434e-01	-0.515764	-6.423680e-16	3.999150e-16	[illegible]
1	-0.480133	-0.524266	-5.228843e-01	-5.513352e-01	0.600603	[illegible]	[illegible]	[illegible]	5.134282e-01	0.865079	-6.423680e-16	3.999150e-16	-0.208668
2	[illegible]	-1.192399	7.185744e-01	3.357446e-01	0.562919	-1.947339e-01	-0.676071	0.803855	-3.005434e-01	-0.476312	1.312101e+00	-8.689827e-01	-0.208668
3	-0.264486	0.812002	-4.190235e-01	3.357446e-01	0.299132	-6.208490e-01	0.089940	-0.583849	5.134282e-01	0.233836	[illegible]	[illegible]	[illegible]
4	-0.587966	-0.524266	-8.523595e-01	[illegible]	[illegible]	1.589819e-01	-0.851159	-1.131627	-9.705046e-02	0.154931	-6.423680e-16	3.999150e-16	-1.119096
5	1.299113	0.143868	-1.434511e+00	-1.251661e+00	-0.586437	1.589819e-01	0.352573	-0.462121	3.099353e-01	1.259605	-8.286954e-01	1.691395e+00	2.340533

◘ Z-score 기법으로 데이터를 정규화한 결과의 일부이다. 정규화 수행 전에 결측치(NULL 값)은 속성의 평균값으로 대체하여 제거[4]하였다.(2.1절 참조) sc1_n은 sc1 속성의 Z-score 정규화(표준화)된 속성이다. 다른 속성도 마찬가지 방식으로 정규화된 속성 명을 명명(naming)하였다.

Z-score 정규화는 평균에서 표준편차 범위 이내에 존재하는 값들이 -1.0 ~ 1.0의 값으로 정규화되며, 값의 분포가 정규분포를 이루는 경우에 적합한 정규화 기법이다. 대학정보공시 지표들의 값 분포는 대부분 정규분포에 가까우므로 Z-score 정규화[5]가 적용하기 적절한 기법이다.

6.3.2 상관분석

상관분석(correlation analysis)은 3.3.1절에서 소개되었듯이, 속성(변수) 간의 상관도 분석을 통하여 분석 차원을 단순화함으로써 분석의 복잡도를 감소시키고자 할 때 유용한 전처리 방식이다. 두 변수 간 상관도는 상관계수(correlation coefficient)로 표현되는데, 일반적으로 다음과 같이 해석될 수 있다[6].

4 『R과 SQL을 활용한 실전 데이터 전처리』 책에서는 결측치에 대한 처리없이 정규화를 수행하였으나, 파이썬의 Z-score 정규화 함수에서는 입력값이 결측치인 경우 오류를 발생시키므로 결측치를 제거하고 정규화해야 한다. R과 파이썬의 결측치 처리방식이 다르기 때문에 분석결과 또한 동일 데이터를 대상으로 했다 할지라도 차이가 존재함

5 실제로 지표 포뮬러 방식에 의한 대학 평가 시에 Z-score 또는 T-score 정규화(표준화) 기법이 자주 활용된다. Z-score 정규화는 평균을 0, 표준편차 단위를 1로 하여 값을 변환하는 방식이고, T-score 정규화는 평균을 50, 표준편차 단위를 10으로 하여 값을 변환하는 방식으로, 본질적으로는 동일한 방식이다.

6 출처: 위키백과(https://ko.wikipedia.org/wiki/)에서의 상관분석

- −1.0과 −0.7 사이이면, 강한 음적 선형관계,
- −0.7과 −0.3 사이이면, 뚜렷한 음적 선형관계,
- −0.3과 −0.1 사이이면, 약한 음적 선형관계,
- −0.1과 +0.1 사이이면, 거의 무시될 수 있는 선형관계,
- +0.1과 +0.3 사이이면, 약한 양적 선형관계,
- +0.3과 +0.7 사이이면, 뚜렷한 양적 선형관계,
- +0.7과 +1.0 사이이면, 강한 양적 선형관계

```
# 앞의 예제 코드에서 계속됨

# 상관계수 분석(정보공시 지표 vs. 취업률 )
# col_names: 정보공시 지표 명을 저장하는 리스트
col_names = ["학생충원율", "중도탈락학생비율", "1
인당장학금", "장학금수혜율",
                "학자금대출 이용학생비율", "학생1인당 교육비",
                "전임교원1인당 학생수",
                "전임교원강의담당비율", "업체당 실습학생수평균",
                "현장실습이수율", "캡스톤디자인이수비율",
                "캡스톤디자인학생당지원금액", "취업률"]
print("-- 상관계수(정보공시지표 vs. 취업률) --")

# 정보공시 지표 각각에 대하여 취업률과의 상관분석 수행(지표 값은
정규화된 값을 사용)
# rawData_std : 정규화된 정보공시 지표 값을 저장하고 있는
데이터 프레임(이전 예제에서 생성함)

# NUM_OF_VAR: 변수(지표)의 총 개수(종속변수 취업률 포함)를
저장(파이썬 변수이나 상수처럼 사용할 것)
NUM_OF_VAR = 13
for i in range(0, NUM_OF_VAR-1) :
    corr = np.corrcoef(rawData_std.iloc[:, i],
    rawData_std.iloc[:, NUM_OF_VAR-1])  # 12는 13
    번째 컬럼으로 취업률을 의미
```

```
print("(" + col_names[i] + " vs. " + col_
names[NUM_OF_VAR-1] + ") : %.3f" % (corr[0]
[1]))
```

결과

```
-- 상관계수(정보공시지표 vs. 취업률) --
(학생충원율 vs. 취업률) : 0.353
(중도탈락학생비율 vs. 취업률) : -0.126
(1인당장학금 vs. 취업률) : 0.020
(장학금수혜율 vs. 취업률) : 0.138
(학자금대출 이용학생비율 vs. 취업률) : -0.264
(학생1인당 교육비 vs. 취업률) : 0.217
(전임교원1인당 학생수 vs. 취업률) : 0.093
(전임교원강의담당비율 vs. 취업률) : 0.131
(업체당 실습학생수평균 vs. 취업률) : 0.012
(현장실습이수율 vs. 취업률) : 0.351
(캡스톤디자인이수비율 vs. 취업률) : -0.043
(캡스톤디자인학생당지원금액 vs. 취업률) : 0.073
```

◘ 각 정보공시 지표와 취업률 간의 상관계수를 구한 결과이다. np.corrcoef() 함수는 인수로 사용된 두 속성 간의 상관계수를 구하는 파이썬 Numpy 패키지 함수이다. (3.1절 참조)

분석 결과를 토대로 다음과 같이 해석할 수 있다.

- 취업률과 정보공시 지표 간 상관분석 결과(순위 기준, [표 6.2] 참조)
  - 학생 충원율과 현장실습 이수율이 가장 높은 취업률과의 양의 상관관계를 나타냄. 즉, 학생 충원율이나 현장실습 이수율이 높을수록 취업률이 높아지는 경향이 뚜렷함
  - 학자금 대출 이용 학생 비율은 취업률과 비교적 강한 음의 상관관계를 나타냄. 이는 가정의 경제적 환경이 힘들

[표 6.2] 정보공시 지표와 취업률 간의 상관계수(순위 기준)

순위	정보공시 지표	취업률 상관계수	상관관계 해석	절댓값
1	학생충원율	0.353	뚜렷한 양적 선형관계	0.353
2	현장실습이수율	0.351	뚜렷한 양적 선형관계	0.351
3	학자금대출 이용학생비율	-0.264	약한 음적 선형관계	0.264
4	학생1인당교육비	0.217	약한 양적 선형관계	0.217
5	장학금수혜율	0.138	약한 양적 선형관계	0.138
6	전임교원강의담당 비율	0.131	약한 양적 선형관계	0.131
7	중도탈락학생비율	-0.126	약한 음적 선형관계	0.126
8	전임교원1인당 학생수	0.093	거의 무시될 수 있는 선형관계	0.093
9	캡스톤디자인학생지 원금액	0.073	거의 무시될 수 있는 선형관계	0.073
10	캡스톤디자인이수 비율	-0.043	거의 무시될 수 있는 선형관계	0.043
11	1인당장학금	0.020	거의 무시될 수 있는 선형관계	0.020
12	업체당 실습학생수 평균	0.012	거의 무시될 수 있는 선형관계	0.012

수록 취업 준비에 집중할 수 없기 때문으로 보이며, 경제적 여건이 취업률에 다소 영향을 미치는 것으로 판단됨

- 학생 1인당 교육비도 취업률과 비교적 높은 양의 상관관계를 나타내고 있으며, 캡스톤 디자인 학생당 지원 금액 또한 취업률과 양의 상관관계에 있음. 이는 학생에 대

한 재정적 투자가 취업률 성과로 어느 정도 이어지고 있음을 나타냄

- 전임교원 강의 담당 비율과 장학금 수혜율은 약하나마 취업률과 양의 상관관계를 형성하고 있으며, 중도 탈락 학생 비율의 경우는 취업률과 음의 상관관계를 형성하고 있으나 강도는 약한 편임
- 캡스톤 디자인 이수 비율, 학생 1인당 장학금, 업체당 실습 학생 수 평균은 취업률과는 큰 영향이 없는 것으로 분석됨

12개의 지표로 구성된 분석 차원을 효과적으로 줄이기 위해 의미적으로 유사한 지표들끼리 그룹핑하고, 각 그룹 내에서 취업률과의 상관도가 높은 대표 지표들을 최종 분석 대상 속성 후보로 결정한다. 지표 그룹은 지표가 가지는 의미에 따라 크게 학생 충원, 학생 재정, 전임교원, 현장실습, 캡스톤 디자인 등 다섯 그룹으로 구분하기로 한다. 각 그룹에 속한 지표와 그룹 관점에서의 취업률과의 상관관계 분석은 다음과 같다.

- **학생 충원 그룹(학생 충원율, 중도 탈락 학생 비율)**

학생 충원율이 중도 탈락 학생 비율보다 취업률과의 상관도가 강함. 중도 탈락 학생 비율의 경우, 학생 관리 수준 측면과 학생의 질적 측면이라는 상반된 양면성이 긍정과 부정의 효과를 상쇄하고 있는 것이 원인으로 보임

• 학생 재정 그룹(학생 1인당 교육비, 학자금 이용 학생 비율, 장학금 수혜율, 1인당 장학금)

장학금은 양의 상관관계를 학자금 대출은 음의 상관관계를 보이고 있으나, 장학금보다는 학자금 대출 비율이 취업률에 더 큰 영향을 미치는 것으로 나타남. 학생 1인당 교육비는 대학의 학생에 대한 투자 정도가 취업률에 영향을 미치고 있음을 나타냄

• 현장실습 그룹(현장실습 이수율, 업체당 실습 학생 수 평균)

현장실습 이수율이 취업률과 높은 양의 상관관계를 보이고 있음. 이는 대학의 적극성, 교육의 현장성이 취업률에 매우 긍정적인 영향을 미치는 것으로 분석될 수 있음. 업체당 몇 명의 학생이 현장실습을 수행하는가는 취업률에 큰 영향이 없는 것으로 나타남

• 전임교원 그룹(전임교원 강의 담당 비율, 전임교원 1인당 학생 수)

전임교원 1인당 학생 수보다는 전임교원 강의 담당 비율이 상대적으로 취업률에 끼치는 영향이 큰 것으로 나타남. 이는 강의의 질적 측면보다는 학생 관리적 측면에서 전임교원과 학생의 접촉면이 넓어지는 것이 취업률에 긍정적인 영향을 미치는 것으로 해석 가능함

• 캡스톤 디자인 그룹(캡스톤 디자인 이수 비율, 캡스톤 디자인 학생당 지원 금액)

캡스톤 디자인 그룹에 속하는 지표들의 취업률과의 상관관

[표 6.3] 정보공시 지표와 취업률 간의 상관계수(지표그룹기준)

지표 그룹	정보공시 지표	취업률 상관계수	상관관계 해석	후보변수 선택여부
학생 충원	학생 충원율	0.353	뚜렷한 양적 선형관계	선택
	중도 탈락 학생 비율	-0.126	약한 음적 선형관계	배제
학생 재정	학생 1인당 교육비	0.217	약한 양적 선형관계	선택
	학자금 대출 이용 학생 비율	-0.264	약한 음적 선형관계	선택
	장학금 수혜율	0.138	약한 양적 선형관계	배제
	1인당 장학금	0.020	거의 무시될 수 있는 선형관계	배제
전임 교원	전임교원 강의 담당 비율	0.131	약한 양적 선형관계	선택
	전임교원 1인당 학생 수	0.093	거의 무시될 수 있는 선형관계	배제
현장 실습	현장실습 이수율	0.351	뚜렷한 양적 선형관계	선택
	업체당 실습 학생 수 평균	0.012	거의 무시될 수 있는 선형관계	배제
캡스톤 디자인	캡스톤 디자인 학생당 지원 금액	0.073	거의 무시될 수 있는 선형관계	선택
	캡스톤 디자인 이수 비율	-0.043	거의 무시될 수 있는 선형관계	배제

계는 다른 지표 그룹군보다는 약한 것으로 파악됨. 상관계수의 절대치는 높지 않으나, 학생당 지원 금액이 이수 비율보다는 취업률과 강한 양의 상관관계를 가지는 것으로 나타남으로써 캡스톤 디자인에 있어서 양적인 면보다는 질적인 면이 취업률에 상대적으로 긍정적 영향을 미치는 것으로 분석됨

양의 관계든 음의 관계든 상관도가 높은(절댓값이 큰) 속성이 선택되는 것이 효과적일 것이다. 그러나 단순히 상관도가 높은 순서대로 선택하는 것보다는 다양한 관점에서의 분석이 가능하도록 여러 지표 그룹에서 골고루 선택하는 것 또한 간과해서는 안 될 것이다. 앞의 분석 결과를 토대로 [표 6.3]에서 제시한 것과 같이, 분석 대상 후보 속성 여섯 개를 채택한다. 열두 개의 분석 차원을 여섯 개로 축소하는 것이다.

6.3.3 선형 회귀분석

회귀분석(regression analysis)은 결측 값을 채우거나 분석 차원을 축소하는 등 데이터 전처리에서 자주 활용되는 기법 중 하나이다. 이 절에서는 종속 변수인 취업률과의 상관분석을 통해 정한 다섯 개의 후보 속성(변수) 각각에 대하여 취업률과의 회귀분석을 통하여 최종 분석 대상 속성으로 적합한지를 검증하여 최종 분석 대상 속성을 결정한다.

```
# 앞의 예제 코드에서 계속됨

# 후보 변수로 채택된 정보공시 지표 추출
# 0: 학생 충원율(sc1), 4: 학자금 대출 이용 학생 비율(sc5),
5: 학생 1인당 교육비(sc6),
# 7: 전임교원 강의 담당 비율(sc8), 9: 현장실습 이수율
(sc10), 12: 취업률(tc)
# rawData_std: 정규화된 정보공시 지표 값을 저장하고 있는
데이터 프레임(이전 예제에서 생성함)
rawData_candi = rawData_std.iloc[:, [0, 4, 5, 7,
9, 11, 12]]

# NUM_OF_VAR_CANDI: 후보 독립변수(지표)와 종속변수(취업률)
의 총 변수 개수를 저장(파이썬 변수이나 상수처럼 사용할 것)
NUM_OF_VAR_CANDI = 7

# col_names: 정보공시 지표 명을 저장하고 있는 문자열 리스트
(이전 예제에서 생성함)
col_names_candi = []
col_names_candi.append(col_names[0])  # 후보
독립변수: 학생 충원율
col_names_candi.append(col_names[4])  # 후보
독립변수: 학자금 대출 이용 학생 비율
col_names_candi.append(col_names[5])  # 후보
독립변수: 학생 1인당 교육비
col_names_candi.append(col_names[7])  # 후보
독립변수: 전임교원 강의 담당 비율
col_names_candi.append(col_names[9])  # 후보
독립변수: 현장실습 이수율
col_names_candi.append(col_names[11]) # 후보
독립변수: 캡스톤 디자인 학생당 지원 금액
col_names_candi.append(col_names[12]) # 종속
독립변수: 취업률

# 후보 변수와 취업률 간 선형 회귀분석
from scipy import stats  # 선형 회귀분석을 위한 scipy
```

```
패키지 중 stats 모듈 임포트
import matplotlib.pyplot as plt # 선형 회귀분석 결과
시각화를 위한 패키지 임포트

for i in range(0, NUM_OF_VAR_CANDI-1) : #
len(rawData_candi)-1
    # stats.linregress(x, y) : y = slope * x +
    intercept 형식의 선형함수를 찾아주는 stats 모듈 함수로
    다섯 개의 값을 반환
    slope, intercept, r_value, p_value, std_err =
    stats.linregress(rawData_candi.iloc[:, i],
    rawData_candi.iloc[:, NUM_OF_VAR_CANDI-1])

    # 회귀분석 결과 시각화(그래프 생성)
    plt.plot(rawData_candi.iloc[:, i], rawData_
    candi.iloc[:, NUM_OF_VAR_CANDI-1], '.')  #
    산점도 그래프
    plt.plot(rawData_candi.iloc[:, i],
    np.array(rawData_candi.iloc[:, i]) * slope +
    intercept)  # 선형 그래프
    plt.show()
```

결과

지표 그룹별로 상관분석 결과 상관도가 상위인 변수(지표)를 후보 독립변수로 삼았다.([표 6.3] 참조) 총 열두 개의 독립변수 중 여섯 개를 후보 변수로 삼고, 후보 변수 각각과 종속변수인 취업률과의 선형 회귀분석을 수행하였다. linregress(x,y) 함수는 x를 독립변수로 y를 종속변수로 하는 선형 회귀분석을 수행하는 파이썬 scipy 패키지 함수이다(2.1, 2.2절 참조). 선형 회귀분석 결과는 matplotlib 패키지의 plot() 함수를 이용하여 산점도와 선형 그래프를 동시에 표현하였다.

위 R 코드 수행 결과를 토대로 각 후보 속성에 대해서 다음과 같이 분석할 수 있다.

• 학생 충원율

학생 충원율과 취업률 간의 선형은 기울기가 급한 강한 양적 관계를 보이고 있으며, 몇몇 예외적인 데이터(outlier)가 있으나 그 수가 많지 않으므로 학생 충원율을 최종 변수(분석 대상 속성)로 선택함

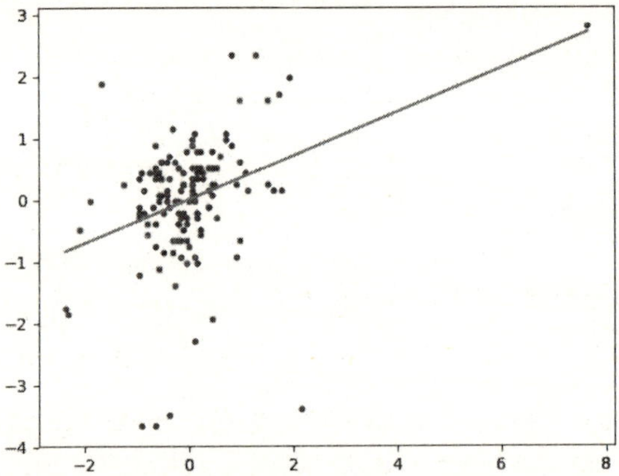

[그림 6.2] 학생 충원율과 취업률 간 선형 회귀분석 결과

• 학생 1인당 교육비

학생 1인당 교육비와 취업률 간의 선형은 기울기가 있는 양적 관계를 보이고 있으며, 몇몇 예외적인 데이터(outlier)가 있으나 그 수가 많지 않으므로 학생 1인당 교육비를 최종 변수로 선택함

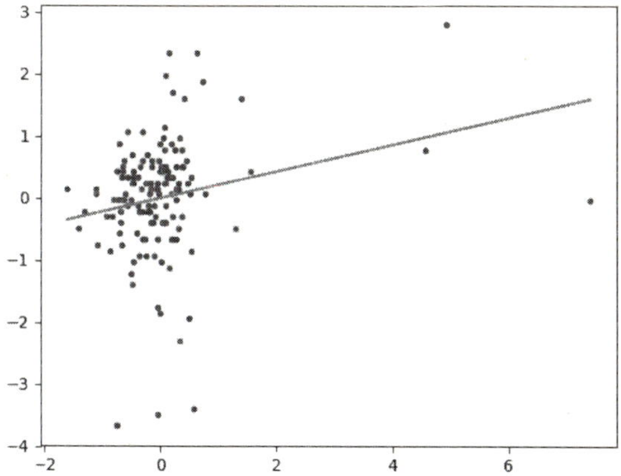

[그림 6.3] **학생 1인당 교육비와 취업률 간 선형 회귀분석 결과**

• 학자금 대출 이용 학생 비율

학자금 대출 이용 학생 비율과 취업률 간의 선형은 비교적 기울기가 급한 음적 관계를 보이고 있으며, 학자금 대출 이용 학생 비율이 비교적 넓게 분포되어 있고 비율이 높을수록 취업률이 낮은 경향성을 비교적 뚜렷하게 보이고 있으므로 학자금 대출 이용 학생 비율을 최종 변수로 선택함

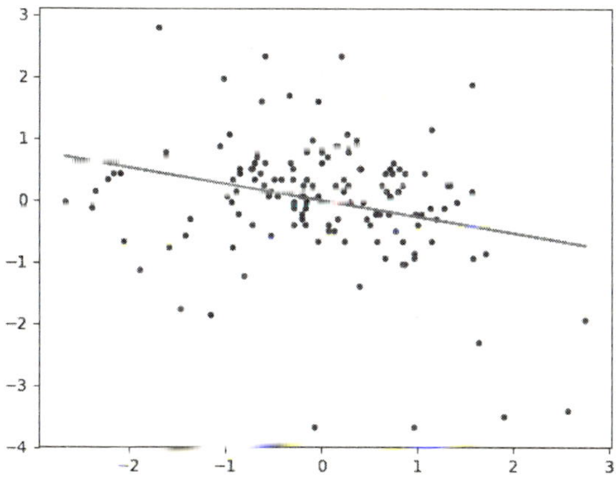

[그림 6.4] **학자금 대출 이용 학생 비율과 취업률 간 선형 회귀분석 결과**

• 전임교원 강의 담당 비율

전임교원 강의 담당 비율과 취업률 간의 선형은 기울기가 비교적 있는 양적 관계를 보이고 있고, 전임교원 강의 담당 비율이 비교적 넓게 분포되어 있으며, 몇몇 예외적 데이터(outlier)가 있으나 비율이 높을수록 취업률이 높은 경향성을 비교적 뚜렷하게 보이고 있으므로 전임교원 강의 담당 비율을 최종 변수로 선택함

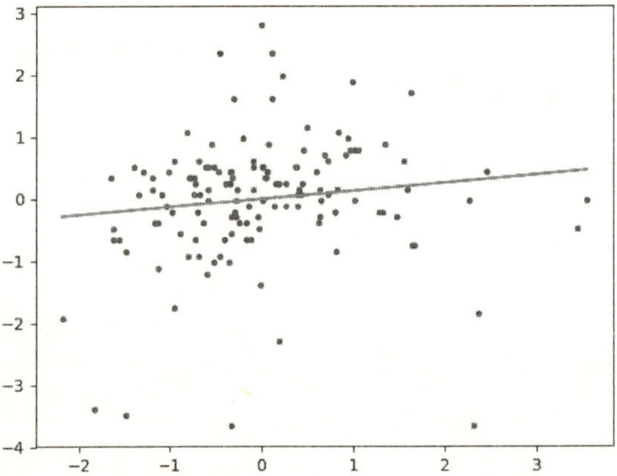

[그림 6.5] 전임교원강의담당비율과 취업률 간 선형회귀분석 결과

• 현장실습 이수율

현장실습 이수율과 취업률 간의 선형은 기울기가 급한 강한 양적 관계를 보이고 있으며, 이수율이 높을수록 취업률이 높은 경향성을 매우 뚜렷하게 보이고 있으므로 현장실습 이수율을 최종 변수로 선택함

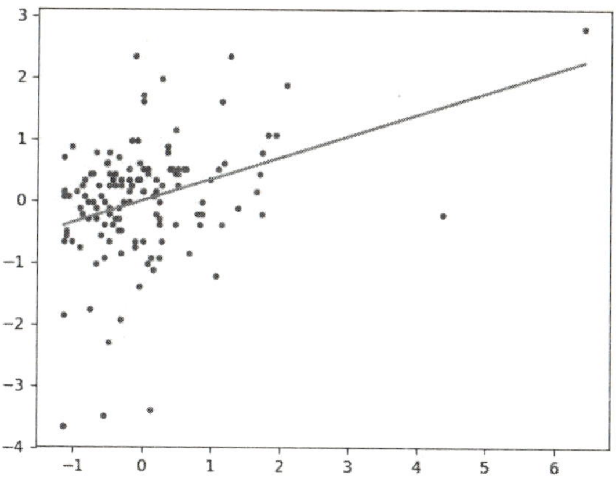

[그림 6.6] 현장실습 이수율과 취업률 간 선형 회귀분석 결과

• 캡스톤 디자인 학생당 지원 금액

캡스톤 디자인 학생당 지원 금액과 취업률 간의 선형은 기울기가 완만한 양적 관계를 보이고 있으며, 지원 금액의 분포가 비교적 넓은 가운데 몇몇 예외적인 데이터(outlier)가 있으나 양의 분포를 확인할 수 있으므로 캡스톤 디자인 학생당 지원 금액은 최종 변수로 삼을 수도 있겠으나, 결측치가 상당수 존재(137개 레코드 중 75개)하므로 결측치를 추정하여(여기서는 속성의 평균값) 채운다 하더라도 분석 결과를 왜곡할 가능성이 존재하므로 배제함. 결측치를 평균값으로 대체한 것은 [그림 6.7]의 그래프에서도 명확하게 드러난다. x축의 0(Z-score 정규화에서 평균값이 정규화된 결과)에 존재하는 많은 점들은 대부분 원래 결측치이다.

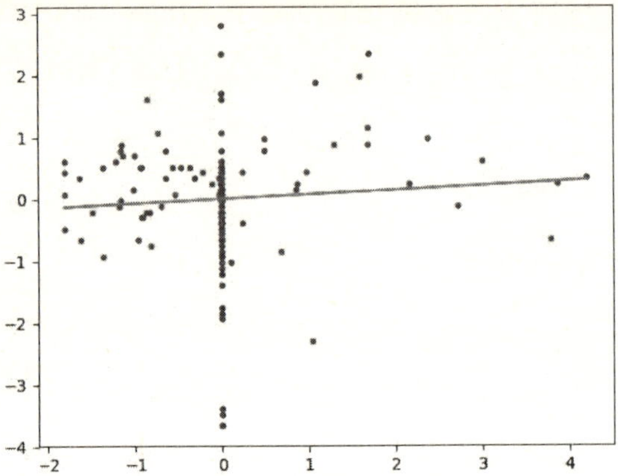

[그림 6.7] 캡스톤 디자인 학생당 지원 금액과 취업률 간 선형 회귀분석 결과

위 분석 결과를 토대로 여섯 개의 후보 속성 중 캡스톤 디자인 학생당 지원 금액을 제외한 나머지 다섯 개의 속성이 최종 분석 대상 속성으로 채택된다. 열두 개의 분석 차원을 다섯 개의 차원으로 줄인 셈이다. 종합적으로 상관분석과 선형 회귀분석을 통한 분석 차원 축소 과정은 [표 6.4]와 같이 정리될 수 있다.

[표 6.4] 상관분석과 선형 회귀분석을 통한 분석 차원 축소 과정 정리

지표 그룹	정보공시 지표	취업률 상관계수	상관관계 해석	후보변수 선택여부	최종변수 포함여부
학생 충원	학생충원율	0.353	뚜렷한 양적 선형관계	선택	포함
	중도탈락학생 비율	-0.126	약한 음적 선형관계	배제	불포함
학생 재정	학생1인당 교육비	0.217	약한 양적 선형관계	선택	포함
	학자금대출 이용학생비율	-0.264	약한 음적 선형관계	선택	포함
	장학금수혜율	0.138	약한 양적 선형관계	배제	불포함
	1인당장학금	0.020	거의 무시될 수 있는 선형관계	배제	불포함
전임 교원	전임교원강의 담당비율	0.131	약한 양적 선형관계	선택	포함
	전임교원1인당 학생수	0.093	거의 무시될 수 있는 선형관계	배제	불포함
현장 실습	현장실습 이수율	0.351	뚜렷한 양적 선형관계	선택	포함
	업체당 실습 학생수 평균	0.012	거의 무시될 수 있는 선형관계	배제	불포함
캡스톤 디자인	캡스톤디자인 학생당 지원금액	0.073	거의 무시될 수 있는 선형관계	선택	불포함
	캡스톤 디자인 이수비율	-0.043	거의 무시될 수 있는 선형관계	배제	불포함

연습문제

1) 6장의 사례를 대상으로 분석 차원을 축소하는 방법으로 상관분석과 선형 회귀분석 대신에 주성분 분석을 사용하여 수행하고 결과를 비교하시오.

⊙ 데이터 원본: (연습 6-1)전문대학정보공시데이터.csv

⊙ 원본 투플 수: 137개

순번	학생 충원율	중도탈락 학생비율	1인당 장학금	장학금 수혜율	학자금대출 이용학생 비율	학생1인당 교육비	전임교원 1인당학생수 (재학생기준)	전임교원 강의담당 비율	업체당 실습학생 수평균	현장 실습 이수율	캡스톤 디자인 이수비율	캡스톤 디자인 학생당 지원금액	취업률
1	0.957	0.097	2,912.20	51	18.2	8,829.70	32.8	51.6	2.7	16.1%			0.682
2	0.972	0.057	2,367.70	39.7	23.1	8,402.70	35.8	39.9	3.1	50.9%			0.585
3	1.015	0.037	2,879.00	49.2	22.9	8,418.40	33.2	52.2	2.7	17.2%	1.000	67	0.593
4	1.012	0.100	2,410.40	49.2	21.5	7,435.50	36.7	40.8	3.1	34.8%			0.613
5	0.945	0.061	2,231.90	89.1	9.9	9,234.30	32.4	36.3	2.8	32.6%			0.492
6	1.300	0.076	1,992.10	32.2	16.8	9,234.30	37.9	41.8	3.0	61.2%	0.63	249	0.867
7	1.236	0.079	2,350.40	35.8	19.9	9,911.80	39.5	37.8	2.5	58.7%	0.70	42	0.682
8	0.957	0.135	2,070.50	69.1	8.1	9,351.00	34.3	39.1	2.4	53.5%	1.00	107	0.646
9	1.080	0.064	1,784.50	62.9	14.8	7,566.60	39.6	38.9	2.4	78.1%	0.67	76	0.725
10	1.193	0.079	3,105.90	49.8	21.8	8,991.00	39.1	43.9	2.9	26.9%	0.88	298	0.720

* 출처 : 대학 알리미 사이트(http://www.academyinfo.go.kr/)

부 록

참고문헌

[1] Jiawei Han and Micheline Kamber. Data Mining: Concepts & Techniques. Elsevier Inc. 2006.

[2] Tan, Pang-Ning; Steinbach, Michael; Kumar, Vipin. INTRODUCTION TO DATA MINING. Addison-Wesley. 2006.

[3] Ramakrishnan and Gehrke. Database Management Systems, Mc-Gram Hill. 3rd Edition.

[4] 장삼용. 초보자를 위한 파이썬 200제. 정보문화사. 2017.

[5] 클린턴 브라운리. 한창진/이병욱(역). Foundations for Analytics with Python: 파이썬 데이터 입문 분석. O'REILLY. 한빛미디어. 2017.

[6] 웨스 맥키니. 김영근(역). Python for Data Analysis : 파이썬 라이브러리를 활용한 데이터 분석. O'REILLY. 한빛미디어. 2013.

[7] Sanjay Mishra, Alan Beaulieu. Mastering Oracle SQL. 2nd Edition. 2004.

[8] 이화식. 새로쓴 대용량 데이터베이스 솔루션 1. ㈜엔코아. 2005.

[9] 홍형경. 오라클 SQL과 PL/SQL을 다루는 기술. 길벗. 2015.

[10] PGWiki:책. http://www.potatogim.net/wiki

[11] 위키백과. https://ko.wikipedia.org/wiki

[12] 공공 데이터 포털. https://www.data.go.kr/

[13] 서울시 열린 데이터 광장. http://data.seoul.go.kr/

찾아보기